100% rando

# HAUTE-ARIÈGE &

Pays d'Olmes
**Vicdessos**

**90 randos**

**159 Sommets** et **lacs**
**1** à **2** jours

Jean-Denis **Achard**
Cyril **Renailler**

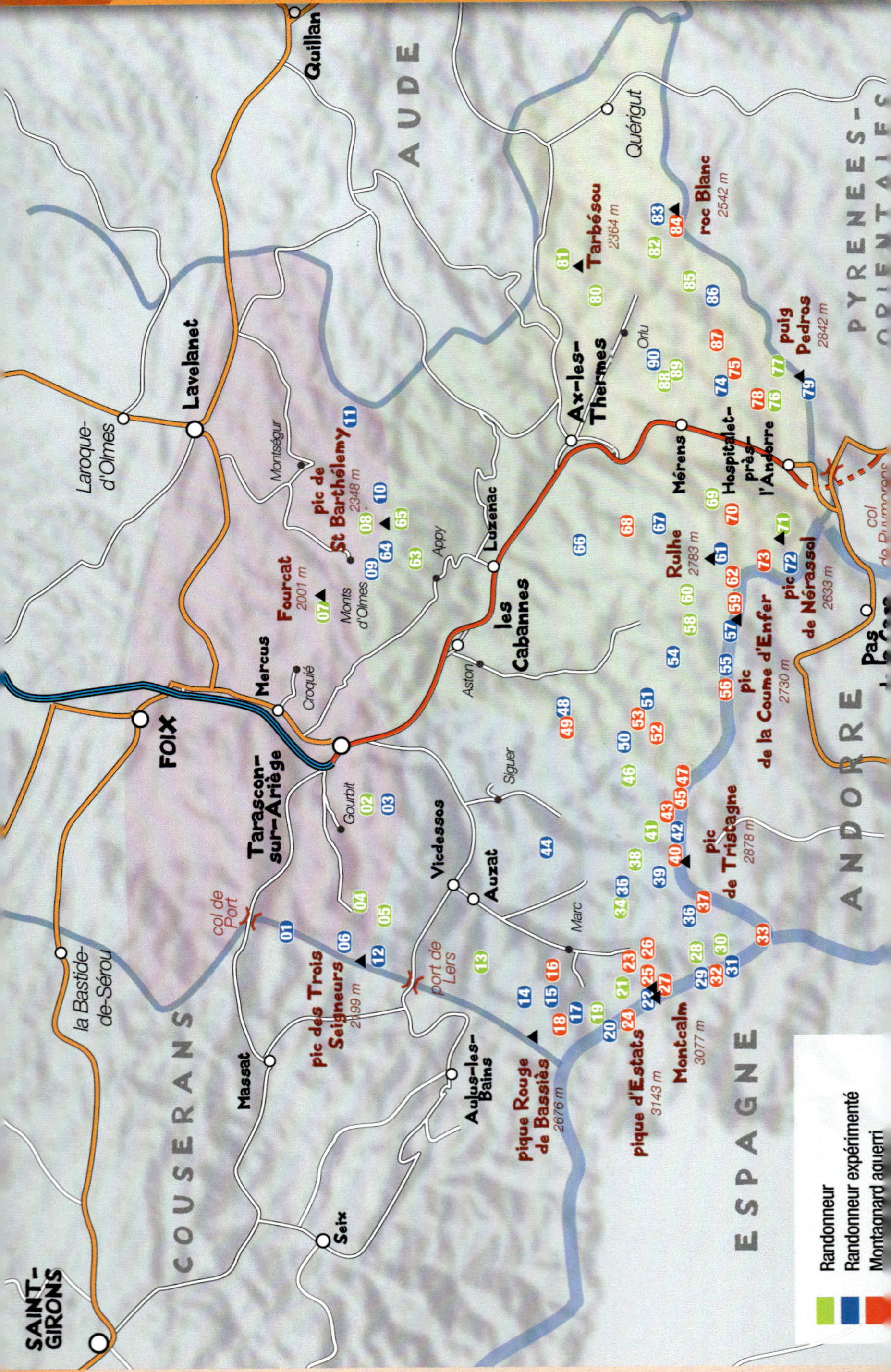
Quillan
AUDE
Quérigut
Lavelanet
Laroque-d'Olmes
Montségur
pic de St Barthélemy
2348 m
Fourcat
2001 m
Monts d'Olmes
Appy
Luzenac
Ax-les-Thermes
Orlu
Tarbésou
2364 m
roc Blanc
2542 m
PYRÉNÉES-ORIENTALES
puig Pedros
2842 m
Mérens
Hospitalet-près-l'Andorre
Rulhe
2783 m
pic de Nérassol
2633 m
pic de la Coume d'Enfer
2730 m
les Cabannes
Aston
Mercus
Croquié
FOIX
Tarascon-sur-Ariège
Gourbit
Siguer
Vicdessos
Auzat
Marc
pic de Tristagne
2878 m
ANDORRE
ESPAGNE
Montcalm
3077 m
pique d'Estats
3143 m
pique Rouge de Bassiès
2676 m
Aulus-les-Bains
port de Lers
col de Port
pic des Trois Seigneurs
2199 m
Massat
la Bastide-de-Sérou
COUSERANS
Seix
SAINT-GIRONS
Randonneur
Randonneur expérimenté
Montagnard aguerri

1 ou 2 J : faisable en 1 ou 2 jours  2 J : recommandé en 2 jours

# Avant-propos - philosophie

*La réalisation de **ce topoguide** sur l'est des Pyrénées ariégeoises se fond dans la continuité du précédent tome dédié aux montagnes du Couserans. Il est le fruit d'une lecture attentive des cartes, de leur imprégnation et de la mise en valeur du potentiel remarquable qu'offre ce secteur de Pyrénées. S'en est naturellement suivie la découverte in situ, mettant en relief de belles surprises.*

***Chaque randonnée** apporte son lot de découvertes, de rencontres et d'émotions qu'il est souvent difficile de ne garder que pour soi tant on aimerait que d'autres en profitent également. C'est donc dans l'intention de partager ces escapades singulières, sur sentier et hors-sentier, que leur description a été élaborée. Les ascensions de sommets reprennent des voies classiques incontournables, mais font également la part belle aux chemins de traverse, originaux et parfois confidentiels. Ces derniers, empruntant des itinéraires sauvages mais néanmoins praticables, sont la presque certitude d'entrevues avec une faune, une flore ou un patrimoine architectural ancestral riches. Les paysages parcourus en recèlent une diversité foisonnante. Plus haut, l'altitude révèle des points de vue insolites et permet d'embrasser du regard des panoramas circulaires d'une grande ampleur. La cime atteinte, si proche de l'empyrée, libre cours est donné à la contemplation…*

*Nous nous sommes attachés à décrire ici des randonnées s'établissant sur les massifs au cœur desquels s'immisce la vallée de l'Ariège, celle du Vicdessos ainsi que les nombreuses ramifications qui en émanent. Ces excursions évoluent **de la moyenne à la haute montagne** et leurs difficultés s'échelonnent du simple randonneur au montagnard aguerri avec des variantes permettant de rallonger ou de raccourcir l'itinéraire. Ainsi, chacun y trouvera la randonnée qui lui convient le mieux au moment où il l'entreprend. Sur un ou plusieurs jours, les lieux de bivouac, cabanes et nombreux refuges dont regorge l'Ariège s'invitent au cours de certaines itinérances afin de s'en imprégner généreusement et d'en apprécier encore plus la somptuosité.*

***Le Donezan**, plus ouvert sur l'Aude, n'est traité ici qu'à la marge. Se reporter à l'opus 100% rando – Aude-Pyrénées-Orientales pour plus de randonnées sur la zone.*

*Bonne randonnée !*

# Portrait des Auteurs

**Cyril Renailler,** enseignant, parcourt avec une grande assiduité les montagnes ariégeoises depuis l'adolescence. Il a rapidement étendu cette boulimie à l'ensemble du massif pyrénéen et même bien au-delà dans les diverses régions de l'Himalaya. Reporter-photographe au sein de l'agence Regard'isard, il collabore avec des magazines de montagne et a écrit plusieurs livres sur le sujet. Passionné du milieu montagnard, quelle que soit la saison, il n'a de cesse d'y revenir dès que l'opportunité se présente. En partager les émotions est pour lui un aboutissement.

# Portrait des Auteurs (suite)

**Jean-Denis Achard,** après une enfance africaine, rentre en France pour poursuivre des études de géographie sur le développement des sports de montagne. Depuis plus de 20 ans, il arpente les Pyrénées françaises et espagnoles sur lesquelles il a écrit trente-cinq topoguides. Après avoir animé la revue Cordée pendant 4 ans, il participe aux revues Respyr, Revue Pyrénéenne et en 2001 a créé la maison d'éditions 3 sup. Il s'est maintenant spécialisé dans l'audit des sentiers de grandes randonnées (GR) pour les collectivités locales.

# Présentation du topoguide

**Cotation :** Le niveau de difficulté utilisé ici reflète le niveau de technicité de la randonnée et reprend une synthèse de ceux communément admis par les différents clubs ou fédérations, dans des conditions de beau temps. Il est modulé avec l'intensité de l'effort, due au dénivelé ou à la nécessité d'autonomie.

**Niveau 1 : Randonneur**
Itinéraire sur sentier balisé voire rarement hors sentier mais à l'orientation facile. Dénivelé inférieur à 1200 m.

**Niveau 2 : Randonneur expérimenté**
Itinéraire pouvant être régulièrement sur sentier non balisé ou hors sentier demandant quelques notions d'orientation. Ponctuellement, le terrain peut demander de poser une main ou d'avoir un pied assuré. Dénivelé journalier inférieur à 1600 m.

**Niveau 3 : Montagnard aguerri**
Itinéraire souvent hors sentier, exigeant une bonne condition physique, de bonnes connaissances en orientation, un pied sûr ou l'usage ponctuel des mains, d'un piolet et de crampons. Le terrain peut être aérien, délicat et exposé. La randonnée peut se dérouler sur plusieurs jours exigeant un sac à dos en conséquence. Le dénivelé journalier sera généralement supérieur à 1600 m.

**Difficulté :** Elle fait référence à la nature du terrain et des difficultés éventuelles qu'il peut présenter en les explicitant brièvement. Présence ou pas de sentier, niveau de connaissance en orientation en l'absence de sentier, technicité de la progression (herbe, pierrier, pente soutenue, main courante, passage où l'on pose les mains, passage aérien, utilisation d'un piolet et de crampons...)

**Horaire :** L'horaire est donné pour un randonneur habitué à se déplacer en moyenne et haute montagne, muni d'un sac à dos « à la journée ». La vitesse ascensionnelle est basée sur du 400 m/h à la montée (600 m/h à la descente) et celle de déplacement entre 2 et 4 km/h selon la déclivité. Nous attirons l'attention sur le fait que ces données très cartésiennes sont à moduler car sensibles à la nature du terrain pouvant rendre la progression plus lente ou pénible, la longueur de la course, le poids du sac, la météorologie ou la physiologie de chacun à un instant donné. Une relativisation s'impose donc et chacun doit l'appréhender individuellement. Les temps de pause ne sont pas pris en compte et ne sont pour autant pas à négliger afin de bénéficier de repos, mais également de moments de contemplation bien agréables.

**Balisage :** Recense les balisages constatés sur le terrain au moment de la réalisation de cet ouvrage.

**Cabane :** Cabanes ouvertes au randonneur et refuges gardés, sur ou à proximité du parcours. Un index p 8, décrit les commodités propres à chaque refuge ou cabane.

### Lexique et abréviation :

**Clot :** cuvette formée par le relief.
**Rive droite, rive gauche :** se lit dans le sens orographique ; en regardant vers l'aval.
**N, S, E, O :** nord, sud, est, ouest.
**HS :** hors sentier.
**Port, Porteille :** col.
**Étang, estagnol :** lac.

### Les cartes et profils de dénivelés

Pour permettre une comparaison plus aisée entre les randonnées, l'échelle des cartes et des profils de dénivelés sont toutes identiques. Les cartes sont à une échelle de 1:45 000.

**Névé :** Nous avons marqué la présence de névés résiduels en été pour les courses où c'est systématiquement le cas en année normale d'enneigement. Selon leur raideur et le moment de la journée où vous passez, ils nécessiteront piolet et crampons ou pas. Prudence de mise, car la glissade sur névé est un des accidents de montagne les plus fréquents en été. Malgré tout le soin apporté à cette information, il est possible que certaines années de fort enneigement, subsistent en été des névés raides que nous n'avons pas signalés.

**Évolutions de terrain :** Les renseignements fournis datent du jour de la réalisation de l'itinéraire, donc généralement, des deux années précédant la publication de l'ouvrage. Pour diverses raisons (tronçon devenu dangereux, propriété privée, exploitation forestière, ouverture de nouveau sentier, réorganisation du balisage...), la réalité sur le terrain peu ponctuellement évoluer. Les auteurs du présent ouvrage ne sauraient en être tenus pour responsables.

### Légende cartes

- Itinéraire principal, selon la difficulté
- Parking, départ / arrivée, point horaire
- Variante
- sentier / piste et chemin
- route principale / route secondaire
- cabane, refuge non gardé / gîte
- refuge gardé / cabane avec nuit prévue
- zone urbanisée

## Le Parc naturel régional des Pyrénées ariégeoises

Richesse et diversité du patrimoine naturel...

Le Parc naturel régional des Pyrénées ariégeoises a été créé en 2009 en raison de la richesse et de la diversité du patrimoine naturel, culturel et humain. Lors des randonnées, il sera courant de passer à proximité d'une cabane ou d'un orri. Certains sont encore dans un excellent état de conservation, et méritent qu'on s'y attarde, le temps de se replonger dans la vie des hommes d'autrefois. Actuellement, l'activité pastorale demeure encore très intense au sein du Parc et contribue à garder le milieu ouvert et accessible. Ainsi, de nombreux itinéraires sillonnent le territoire de la haute montagne, abondant d'une grande variété et offrant de véritables trésors naturels. Toutefois, la géographie complexe et rude a permis de préserver des hommes de nombreuses zones où faune et flore se sont généreusement développées. D'ailleurs, un nombre important d'espèces sont endémiques des Pyrénées.

Culturel...

Toute cette abondance fait du Parc un lieu de découvertes et d'émerveillements sans limite, à portée de pas, pour le randonneur ou le montagnard.

Humain...

*Plus d'informations sur : www.parc-pyrenees-ariegeoises.fr*

# Index Refuges et Cabanes

Refuge de l'étang Fourcat.

## Refuges gardés (réservation) :

**Refuge de Bassiès :** 06 89 40 65 00 – 06 81 96 39 71 - http://bassies.free.fr
**Refuge des Bésines :** 09 88 77 35 28 - https://refugedesbesines.ffcam.fr
**Refuge du Chioula :** 05 61 64 06 97 - 06 67 73 60 91 - https://www.refugeduchioula.com
**Refuge d'En Beys :** 05 61 64 24 24 - www.refuge-enbeys.com
**Refuge de l'Étang Fourcat** (réservation) : 05 61 65 43 15 - 06 18 20 08 20 https://refugeetangfourcat.ffcam.fr
**Refuge de l'Étang du Pinet :** 05 61 64 80 81 - 06 81 95 83 12 https://refugeetangpinet.ffcam.fr
**Refuge du Rulhe :** 05 61 65 65 01 06 74 24 50 71 - https://rulhe.com

## Cabanes, refuges non gardés et abris

**Cabane d'Anyell Morta :** 2 à 3 places, cheminée, bois, eau.
**Cabane d'Artax :** 4-5 places, poêle à bois, petit combustible, eau.
**Cabane d'Artigue :** 2 à 4 places, cheminée, tout petit combustible, eau.
**Cabane d'Auruzan :** 2 places, pas de cheminée, eau.
**Cabane des Bésines :** 6 places, cheminée, bois, eau. Austère.
**Cabane de Béze :** 2 places, cheminée, petit combustible, eau.
**Cabane de Boutas :** 11 places (dont 9 matelas), cheminée, bois, eau.
**Cabane de Bretounels :** 10 places, cheminée, bois, source à 8 min.
**Cabane de Brougnic :** 5 places, cheminée, pas de bois, eau.
**Cabane de Brouquenat d'en-haut :** 4 places, cheminée, petit combustible, eau. Austère.
**Cabane de Caraussans :** occupée par le berger en période estivale.
**Cabane de Coumeders** (Rouge) : grand abri métallique (vert) avec cheminée, bois, eau.
**Cabane des Coumels :** 3 places, cheminée, bois, source à 10 min.
**Cabane d'Embanels :** Taudis.
**Cabane d'Embizon :** 2 places, cheminée, petit combustible, Ruisselet. Peut être occupée par le berger en été.
**Cabane des Esquers de dessous :** 4 places, cheminée, bois, eau.
**Cabane des Esquers de dessus :** 4 places avec matelas, et beaucoup d'espace au sol, cheminée, table, bois, source. Très confortable.
**Cabane de l'Étang Tort :** 2 places, poêle, petit combustible seulement. Peut être occupée par le berger en période estivale.
**Cabane d'Eychouzé :** 8 places, cheminée, quelques arbres, eau.
**Cabane du Fourquet :** 3 places au sol, sommaire, cheminée, bois, pas d'eau.

Cabane de Boutas.

**Cabane de Garsan :** 4 places, cheminée, pas de combustible, eau. Austère.

**Cabane de l'Isarde :** 3 places, cheminée, bois, eau.

**Refuge d'Izourt** (non gardé) : 10 places, éclairage, pas de cheminée, eau.

**Cabane de Jasse de Pratmau :** 2 places, cheminée, bois.

**Cabane de Jasse de Pratmau supérieure :** 6 matelas, cheminée, bois, eau. 2 min en contre-haut de la précédente, sur le GRPays.

**Cabane du Larnoum :** 3 places, cheminée, bois, eau.

**Cabane de Lauzate** (ou Mt Fourcat) : Dorénavant fermée.

**Orri de Lauzate :** 2 places, cheminée, pas de combustible, eau.

**Cabane de l'Étang d'Appy :** 4 places, bois peu éloigné, eau.

**Cabane de Llassiès :** 4 places, poêle, pas de combustible, eau. Occupée par le berger en été.

**Cabane du Mourgouillou :** 2 à 3 places, cheminée, bois, eau.

**Cabane du Pas de Mouscadou :** en contrebas SE du col. 3 places au sol, cheminée, pas de bois ni d'eau.

**Cabane de Neych :** 5 places, cheminée, tout petit combustible, eau. Occupée par le berger en été.

**Cabane des Orris de Belcaire :** fermée.

**Cabane de Pedarlau :** 4 places avec matelas, et beaucoup d'espace au sol, cheminée, table, bois, eau. Peut être occupée par le berger en été.

**Cabane de Peyregrand :** 4 places, table, cheminée, petit combustible, eau.

**Cabane du Pla** (Bésines) : 4 places, cheminée, bois, eau. Très agréable.

**Cabane du Plat des Peyres :** 6 places, cheminée, bois non loin, eau.

**Cabane de Prat Rodon :** 6 matelas, cheminée, petit combustible, un peu de bois éloigné, eau. Très confortable.

**Cabane de Quioulès :** 6 places, cheminée, bois, eau.

**Cabane du Ressec :** 4 places, cheminée, bois, eau. Austère et peu propre.

**Cabane de la retenue d'eau** (Goulier) : 2 places, sol en terre. Petite, austère et vide.

**Cabane de Rieutort de Gascous :** très coquette. 4 places, chaise, table, insert à bois, bois non loin, eau.

**Cabane du Roc de l'Aigue :** 1 place, cheminée, bois, pas d'eau.

**Cabane de la Sabine :** 2 à 4 places, cheminée, bois, eau.

**Cabane de Sauzet :** 4 places, cheminée, bois, eau.

**Cabane du Siscar :** grande cabane sans le moindre équipement, eau.

**Cabane du Vacher :** taudis.

**Cabane de la Vésine :** 8 places, cheminée, tout petit combustible seulement, eau.

**Équipement :** Il convient d'aborder la montagne avec un équipement adapté à la fois au terrain, mais également à la météo, en prévoyant le pire. Aussi, en plus de bonnes chaussures et vêtements, il est de bon aloi d'emporter une paire de gants et un bonnet, un couvre-chef et des lunettes de soleil. Frontale, petite trousse à pharmacie, crème solaire, sifflet, briquet, bougie, couverture de survie constituent le fond de sac. Pour l'orientation, carte, boussole, altimètre voire GPS se rendent indispensables. Dans certains cas, sera indiqué le matériel spécifique de rigueur : crampons, piolet...

Pour ce qui est de passer une nuit en montagne, sous tente, en cabane ou à la belle étoile, matelas, duvet, réchaud et popote compléteront la panoplie.

Cette liste, loin de se vouloir exhaustive, compose un sac type de randonneur-montagnard.

**Nourriture :** La dépense énergétique est augmentée avec l'intensité de l'effort. Aussi, s'alimenter régulièrement est un gage d'endurance. De même, l'absorption d'eau ne doit pas être négligée face à la déperdition, fortement augmentée par les grosses chaleurs. Pensez à vous hydrater régulièrement. Lorsque vous remplissez votre gourde, prenez garde à la présence de troupeaux qui pourraient polluer l'eau en amont. Prévoyez toujours un peu plus.

**Savoir vivre - savoir être :** Préservez de toute dégradation et pollution la montagne qui est un milieu fragile où vivent nombre de fleurs et animaux protégés. Prenez garde à ne pas déranger leur tranquillité afin de pouvoir continuer encore longtemps à les observer dans leur milieu naturel. Ainsi, redescendez vos déchets, laissez les cabanes dans un bon état, de telle sorte que votre passage laisse une empreinte invisible. Celles-ci sont parfois aussi l'outil de travail des bergers. Refermez-en les portes et volets, remettez en place les barrières derrière vous, respectez les troupeaux.

**Dangers :** La pratique des activités de montagne n'est pas dénuée de dangers. Bien au contraire. Il s'agit de les appréhender correctement et de connaître également ses propres limites.

D'une part, la météorologie peut changer très rapidement et passer d'une douceur printanière à un froid cinglant en peu de temps. L'arrivée d'une nappe de brouillard peut obscurcir significativement la progression, et subir un orage n'est jamais sans risque. La pluie ou le gel du matin sur des pentes herbeuses ou des rochers complique la marche. Les névés encore présents en début de saison, souvent durs, se montrent redoutables en l'absence de chaussures adaptées ou de crampons. Ils peuvent cependant être des alliés lorsqu'ils recouvrent des pierriers incommodes d'un tapis uniforme.

Une vigilance par rapport à ces éléments extérieurs s'impose. En été, mieux vaut randonner tôt avec la fraîcheur, que l'après-midi avec la chaleur et les formations orageuses.

Une bonne connaissance de soi et de ses aptitudes et limites est également importante, sans se surestimer, en gardant de la marge. Et savoir renoncer peut s'avérer une sage décision.

**Informations et liens utiles :**

Géoportail : site de cartographie de l'IGN.
Météo-France : prévisions météorologiques spécifiques aux Pyrénées.

**Office de tourisme :**

- Ariège Pyrénées tourisme : www.ariegepyrenees.com
- Foix : 05 61 65 12 12 www.foix-tourisme.com
- Tarascon et Vicdessos : 05 61 05 94 94 et 05 61 64 87 53 - www.pays-du-montcalm.com
- Ax-les-Thermes et Les Cabannes : 05 61 64 60 60 - www.vallees-ax.com
- Point info l'Hospitalet (mairie) : 05 61 05 20 04
- Lavelanet : 05 61 01 22 20 www.ariege-pyrenees-cathares.com

**Secours :** PGHM de Savignac-les-Ormeaux : **05 61 64 22 58**
Numéro européen : **112**

Sous le col de Riufret.

L'auberge est en vue !

col de Port

# 1 Pic de la Journalade *1945 m*

**4h15 - 11 km - 925 m+**

**1.** Itinéraire en partie hors sentier et hors balisage, mais à l'orientation évidente. Une fin aérienne où il faudra poser une main et choisir le bon passage.

**Balisage :** Jaune ancien et très partiel jusqu'au pic d'Estibat

**Accès :** Du rond point de la 2x2 voies, à la sortie NO de Tarascon, suivre direction Saurat, puis col de Port jusqu'au col.

**Départ :** Col de Port, 16 km au NO de Tarascon.

**Carte :** IGN TOP25 2047ET

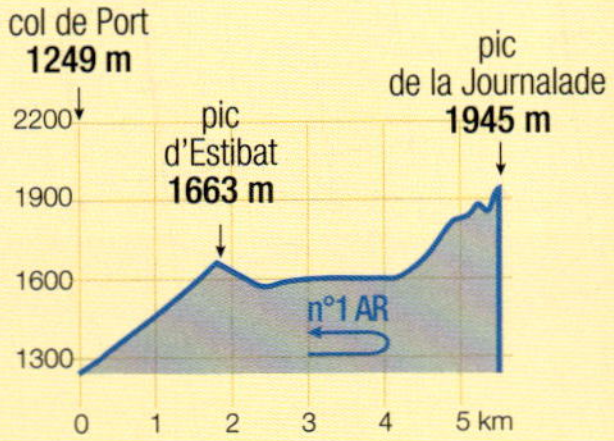


***Si a priori l'objectif peut paraître modeste, dans les faits, « la Journalade » réunit l'ensemble des éléments pour une belle journée en montagne : départ d'un sympathique col de moyenne montagne, troupeaux paisibles et longues crêtes herbeuses à cheval entre deux Ariège et, enfin, une dernière partie plus montagne où il faudra poser une main et avoir le pied sûr pour atteindre l'objectif. Bref, elle a tout d'une grande !***

**0h00 > Du parking** (1249 m), partir vers le SE, sur un petit chemin herbeux s'élevant à droite d'un enclos. Quand il s'interrompt,

continuer à droite sur un bon sentier qui grimpe régulièrement, au milieu des fougères. Atteindre une épaule herbeuse et, 150 m après, laisser filer un ancien chemin à droite pour suivre, sur la gauche, le sentier (petit cairn). Ignorer deux sentes à gauche pour continuer la montée soutenue sur la croupe NE du…

**0h55 > Pic d'Estibat** (1663 m). La vue s'ouvre très largement sur le Couserans et ses montagnes. Apprécier vers le S l'ensemble du chemin restant à parcourir. Descendre alors un peu, le long de la clôture SE, avant de suivre longuement une bonne sente horizontale dans les pelouses du flanc O de cette large crête. Atteindre ainsi le…

**1h30 > Petit col de l'Estagnou** (1592 m). Grimper maintenant franchement, un peu à droite de la clôture, d'abord par une bonne sente, puis à travers les pelouses. Venir buter sur un…

**2h00 > Ressaut très raide** marquant le début de la crête technique. Le gravir, par une sente mieux marquée. Atteindre la pointe 1888 m et redescendre à une petite brèche en posant une main. De là, basculer dans les raides pelouses du flanc E (prudence) pour rejoindre, en traversée, la pente finale menant rapidement au…

**2h30 > Pic de la Journalade** (1945 m) et à son très large panorama sur l'abrupt versant N du massif des Trois Seigneurs et sur les hauts sommets ariégeois, sur les innombrables hameaux du Massatois et au N, sur la plaine toulousaine et lauraguaise. Revenir prudemment sur ses pas, puis, après les pelouses horizontales, au pied du pic d'Estibat, couper flanc E, par une bonne sente au milieu des fougères. Rejoindre bientôt le bon sentier de l'aller et le…

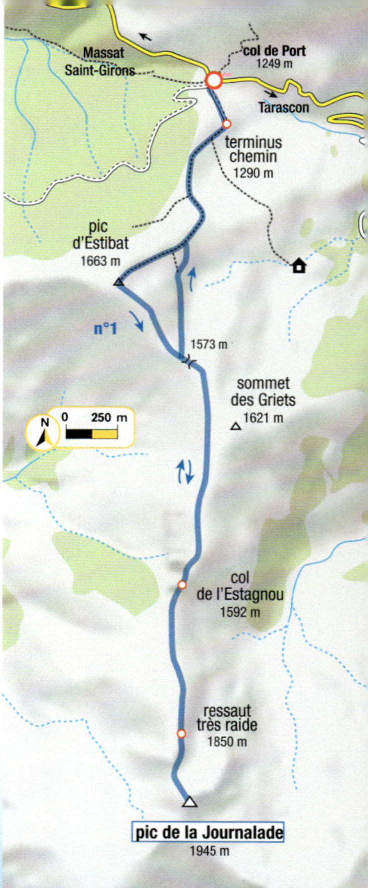


**4h15 > Col de Port,** avec son auberge bienvenue pour fêter une belle journée de montagne !

Un fabuleux panorama tout au long de la randonnée.

2/3

Arrivée printanière à la cabane de l'étang d'Artax

Gourbit

# 2 Étang d'Artax et roc de Querquéou *1840 m*
# 3 Pic de Bassibié *2114 m*

**2** 5h - 12 km -1000 m+

**3** 6h15 - 16 km - 1300 m+

**2.** Itinéraire sur sentier balisé, se méfier toutefois du brouillard après l'étang.
**3.** Hors balisage et hors sentier pour le Bassibié. Orientation évidente par temps clair.

**Balisage :** Jaune jusqu'au col de Lastris puis jaune et rouge. Hors balisage pour le pic.

**Accès :** Du rond-point de la 2x2 voies, à la sortie N de Tarascon, monter à Gourbit. Dans le village, une toute petite route rejoint, en 0,75 km, le parking de l'étang d'Artax.

**Départ :** Gourbit, 6 km à l'O de Tarascon.

**Carte :** IGN TOP25 2047 ET

**Cabane** de l'étang d'Artax.

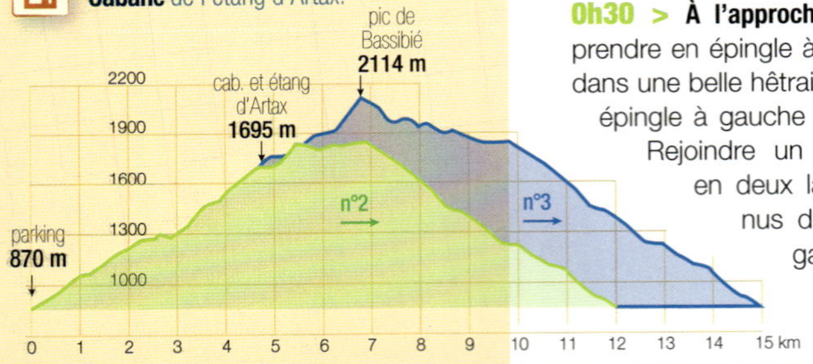


***Une montée rude, mais protégée de la chaleur par une belle hêtraie, vous conduira aux cabanes et lac d'Artax, au centre d'un petit cirque « glaciaire ». Là, à plus de 1500 m, paissent les troupeaux, œuvrent les pêcheurs et ripaillent joyeusement les randonneurs. Un peu plus haut, le roc de Querquéou ou le pic de Bassibié permettent de s'extraire de la « foule joyeuse » pour accéder au vaste opéra du Vicdessos.***

**2 : Étang d'Artax et roc de Querquéou**

**0h00 > Du parking des « randonneurs »** (870 m), suivre la petite route jusqu'à son terminus, à 300 m. Continuer tout droit sur le large sentier empierré de l'étang d'Artax. Passer rapidement devant un bel orri.

**0h30 > À l'approche du torrent** (1056 m), prendre en épingle à droite le sentier balisé, dans une belle hêtraie. Faire rapidement une épingle à gauche pour repartir à la rude. Rejoindre un chemin qui, à droite, en deux lacets, monte au terminus d'une piste. La suivre à gauche à l'horizontale et, à l'entrée d'un virage

serré à droite (1281 m), s'élever franchement à droite, sur le dos de l'ancienne moraine, par un bon sentier. Il croise par trois fois des chemins d'exploitation forestière, avant de virer à gauche, plus sagement.

**1h40 > Franchir un portillon** (1490 m) et traverser une clairière. Peu après, sortir de la forêt pour s'élever dans les prairies du flanc jusqu'aux…

**2h15 > Cabanes et étang d'Artax** (1695 m). Désaltérez-vous à la source et profitez des rives de ce vaste lac pour une pause méritée. Vous pouvez vous arrêter là et revenir par le même itinéraire, mais il est plus agréable de poursuivre en boucle. Pour cela, contourner le lac par la gauche, sur un petit sentier. Quand il vire à l'O, poursuivre

tout droit, sur un sentier peu marqué au départ, qui grimpe sans « chichi ». Rejoindre ensuite, en balcon au-dessus de Gourbit, les quelques gros rochers du…

**3h00 > Roc de Querquéou** (1840 m). Attaquer la descente vers le NE, le long de la crête herbeuse du Courtal Terrous, qui se raidit un peu pour atteindre le…

**3h50 > Col de Lastris** (1427 m). Descendre à gauche, par le sentier du GRP (bal. jaune et rouge), vers la forêt puis vers un premier, un deuxième et enfin un troisième chemin forestier à suivre toujours dans la même direction. Dans une épingle à gauche du chemin, poursuivre tout droit sur un sentier. Rattraper peu après...

**4h15 > Une bonne piste** (1227 m)**,** à prendre à droite sur 200 m. La quitter pour un chemin en épingle à gauche. Juste après une ruine, à un carrefour, bien poursuivre tout droit sur le sentier du GRP. Rejoindre bientôt un petit chemin, la route et le…

**5h00 > Parking.**

## 3 : Le pic de Bassibié

**2h15 > Dans le dos des cabanes d'Artax,** monter de quelques mètres pour trouver une sente peu déclive filant vers le N. La suivre une grosse centaine de mètres avant de tirer vers l'O, pleine pente herbeuse pour atteindre la...

**2h45 > Croupe du Grougn** (1875 m). La remonter vers le SO, par une bonne sente. Sur le dôme sommital, laisser filer la sente à gauche, pour gagner les quelques rochers et le relais radio du…

**3h20 > Pic de Bassibié** (2114 m). Vous êtes aux premières loges du massif de Bassiès, du Montcalm, de la pique d'Endron, bref du beau et tourmenté, comme un opéra de Wagner, Vicdessos. Descendre ensuite vers le SE puis l'E, par de petites sentes qui courent le long de cette vaste crête herbeuse. Passer les bosses du Boucarle et du pla de Madame et retrouver le balisage jaune, juste avant les quelques gros rochers du…

**4h15 > Roc de Querquéou** (1840 m). Suivre maintenant l'itinéraire décrit ci-dessus, passant au col de Lastris (1427 m), jusqu'au…

**6h15 > Parking.**

Au sommet, le Vicdessos s'ouvre aux regards aventuriers.

Étang Long.

Pla du Ressec

# 4 Étang Bleu et cirque d'Embans 1810 m
# 5 pic de Peyroutet 2165 m
# 6 pic des Trois Seigneurs 2199 m

**4** 3h40 - 10 km - 800 m+ **5** 5h30 - 13 km - 1150 m+ **6** 6h15 - 15 km - 1350 m+

**4 et 5.** Itinéraire sur sentier balisé sans difficulté.
**6.** itinéraire en partie HS demandant un peu de lecture de paysage, mais sans difficulté technique.

**Balisage :** Jaune sauf la descente du pic des Trois Seigneurs non balisée.

**Accès :** Du rond-point de la 2x2 voies, à la sortie N de Tarascon > Surba > Rabat les Trois Seigneurs > La Freyte. Poursuivre la route jusqu'au terminus.

**Départ :** Parking du Pla du Ressec, 10 km à l'O de Tarascon.

**Carte :** IGN TOP25 2047 ET

**Cabanes :**
Cabane d'Embanels
Cabane de Coumeders

***Cette randonnée a tout pour elle : des étangs translucides, un cirque impressionnant, une envolée le long d'une élégante ligne de crête, un sommet mythique, des vues exceptionnelles et même une cabane singulière. Un petit bijou qu'un temps radieux met plus encore en valeur.***

### 4 : Étang Bleu et cirque d'Embans

**0h00 > Du parking du Pla du Ressec** (1030 m), remonter la piste règlementée et, juste après une bifurcation franchissant un gué bétonné, traverser à gauche la rivière par une…

**0h15 > Passerelle** (1070 m). Suivre la piste jusqu'à une bifurcation. Prendre, à revers à droite, une piste secondaire plus soutenue, à emprunter jusqu'à son terminus.

**0h35 > Un sentier** (1220 m), dans le bois sombre, lui fait suite et grimpe longuement. Plus haut, la vue s'ouvre enfin au nord et l'on ne tarde pas à s'extraire du bois juvénile pour s'entourer de rhododendrons. Traverser une petite jasse où le sentier devient moins évident. Le retrouver, franchissant une bute, redescendant à peine et traversant une combe avant de s'élever vers l'...

**2h00 > Étang Bleu** (1785 m). Franchir à droite le déversoir et s'élever en contre-haut du lac, pour venir longer le long d'une croupe, l'...

**2h05 > Étang Long** (1810 m). À son l'extrémité, ne pas gravir la bute en face, mais franchir un collet et la contourner par la gauche, sur un bon sentier presque horizontal. A la bifurcation, persévérer en face, sur l'itinéraire qui entame la descente et parvient en contre-haut du cirque d'Embans. Il va enjamber le torrent et plonge pleine pente jusqu'à un...

**2h40 > Replat** (1475 m). Basculer alors dans le vallon à l'E et pénétrer en forêt en traversant à gué le torrent. Plus bas, le sous-bois devient très propre sous les grands hêtres. S'abaisser rapidement et finir par longer sur la droite, le torrent d'Embans. Le franchir par une passerelle et rallier à vue la...

**3h10 > Cabane d'Embanels** (1180 m), dans la prairie. Suivre à droite la piste qui redescend au...

**3h40 > Parking.**

### 5 : Pic de Peyroutet

**2h00 > De l'étang Bleu** (1785 m). Suivre le sentier (« pic » en jaune sur le rocher) qui longe l'étang par la gauche puis remonte tout le vallon en direction du...

**2h30 > Col de la Couillate** (1961 m). Apparaissent les massifs de Bassiès et du Montcalm. Le sentier oblique à droite pour filer sur la crête, plus sportive, parmi les rochers et les zones herbeuses. Vue dominante sur l'étang Bleu. Lorsque le fil devient accidenté, une sente court dans le flanc herbeux de gauche. Attention à la quitter pour remonter vers la crête (balisage) sur une sente temporairement moins marquée. De nouveau en crête, elle se suit aisément jusqu'au...

**3h05 > Pic de Peyroutet** (2165 m). Retour par le même itinéraire à l'...

**3h50 > Étang Bleu** (1785 m), puis, par la boucle de l'étang Long, du cirque d'Embans et de la cabane d'Embanels (Cf. description ci-dessus), au...

**5h30 > Parking.**

### 6 : Pic des Trois Seigneurs

**3h05 > Pic de Peyroutet** (2165 m). Poursuivre sur la crête jusqu'au...

**3h35 > Pic de Crède** (2197 m), puis jusqu'au ressaut du pic des Trois Seigneurs où la sente court à gauche du fil avant de remonter dans le versant S. Le terrain est plus raide, parmi des marches hautes d'herbe ou de granite. S'aider des mains pour gagner le...

3000 de l'Ariège et massif de Bassiès.

**3h50 > Pic des Trois Seigneurs** (2199 m). Immense vue à 360°. Descendre, prudemment les premiers mètres, vers le N, et ne pas quitter le sentier qui se maintient sur la croupe devenant progressivement herbeuse, jusqu'au…

**4h35 > Col de la Pourtanelle** (1789 m). Admirer le hameau des orris de Goutets à l'O. Descendre E dans l'étroit passage, puis dans la pente en dessous, HS, d'abord sur la droite de la combe avant de revenir en son centre. Plus bas, appuyer à gauche pour franchir un cordon de jeunes hêtres, passer rive gauche d'un ruisselet (cairns) et descendre droit dans la pente. Parvenir sur un plateau (1500 m) peu incliné. Longer aval le torrent et ses méandres, puis gagner les sentes plus à gauche en visant l'épaulement de la rupture de pente. Arriver sur les…

**5h15 > Ruines d'un orri** (1480 m), en lisière de forêt, d'où l'on aperçoit la cabane de la Coumeders. Emprunter le sentier qui s'amorce et file vers l'E, rentrant et traversant un bois en légère descente. Il se disperse à l'approche d'une clairière. La traverser HS (E), sans perdre d'altitude. Pénétrer dans un cordon de bois, y enjamber un torrent, déboucher dans une nouvelle clairière, et à altitude quasi constante (S) finir par apercevoir la…

**5h25 > Cabane de Coumeders** (1440 m), chère à Michel Sébastien, éminente figure des montagnes d'Ariège. Aussi nommée cabane Rouge. Gagner la lisière du bois au SSO où l'on retrouve un bon sentier. Il tombe rapidement sur une piste de débardage à suivre à gauche, en descente. Plus bas, lors d'une bifurcation, ne pas couper par le raccourci de droite, raide et peu roulant. Continuer la descente jusqu'à traverser un couloir d'avalanche (1186 m). La piste s'élargit et parvient à la grande clairière de la…

**5h45 > Cabane d'Embanels** (1180 m), puis au…

**6h15 > Parking.**

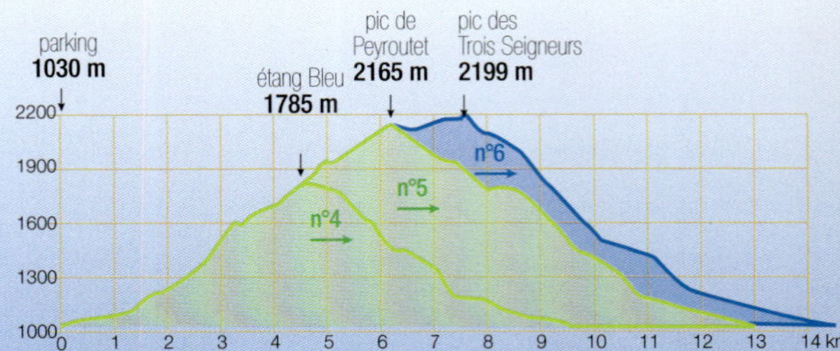


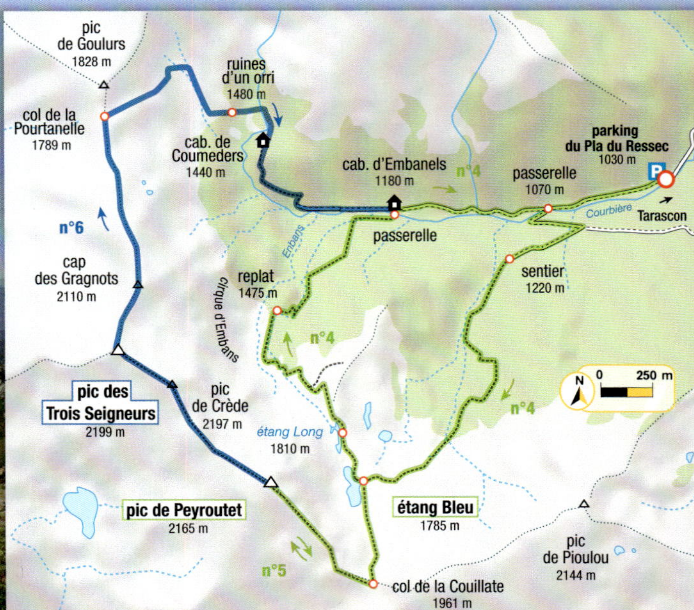

Les Brougues

# 7 Mont Fourcat *2001 m*

**4h - 12 km - 800 m+**

**7.** Itinéraire sur piste, chemin et sentier non balisés mais à l'orientation évidente.

**Balisage :** Jaune très partiel et ancien.

**Accès :** Depuis le N, se rendre par la N20 à Mercus-Garrabet, 10 km au S de Foix ou, de Tarascon centre, rejoindre Mercus-Garrabet par la D618 (rive droite). Dans Mercus monter au hameau de Croquié par la D61 > dans le hameau, en épingle à gauche, la route de la forêt sur 3,5 km > à l'intersection, la route de droite sur 200 m jusqu'au parking.

**Départ :** Parking des Brougues, 12 km au NE de Tarascon-sur-Ariège et 20 km au S de Foix.

**Carte :** IGN TOP25 2147ET

**Cabanes** du Fourcat.

***À 2000 m, on devient randonneur ! Une montée régulière et pas trop pentue conduit à travers forêt, puis le long d'une croupe herbeuse, vers un sommet « d'alpage », à plus de 2000 m d'altitude. Récompense sommitale, cette belle pyramide, bien visible de la plaine, saura vous dispenser un très large panorama à 360°. Un grand classique à ne pas manquer, été comme hiver.***

**0h00 > Du parking des Brougues** (1197 m), suivre le bon sentier qui grimpe sous les pins vers le col du Traucadou. Au col (roche à cupules à gauche), poursuivre par la piste de droite. Elle fait plusieurs épingles en ignorant d'abord deux embranchements à droite, puis un à gauche, vers Portanel. À la septième épingle (1400 m), monter à droite, par le petit chemin un peu raide jusqu'à…

**1h00 > Sortir de la forêt** (1480 m). Suivre indifféremment un des deux chemins, pour remarquer bientôt, sur votre gauche, un petit abri. Continuer le long de la crête herbeuse où s'épanouissent bruyères et myrtilliers. Passer juste sous la bosse secondaire du pic de la Lauzate et, dix minutes après, entre les…

Fourcat, un phare au-dessus de la plaine.

**2h00 > Deux cabanes du Fourcat** (1875 m). La petite de droite est ouverte. Poursuivre sur un sentier, puis dans les pelouses sommitales du…

**2h20 > Mont Fourcat** (2001 m), au panorama immense sur la plaine, au nord, et sur la haute chaîne, au sud.

**4h00 > Retour par le même itinéraire,** où les plus habiles couperont quelques lacets de la piste par le sentier ; mais attention les traces sont multiples et une d'entre elles s'égare (le cinquième raccourci) ! Un jour, peut-être, le sentier plus joli sera bien balisé et entretenu ?

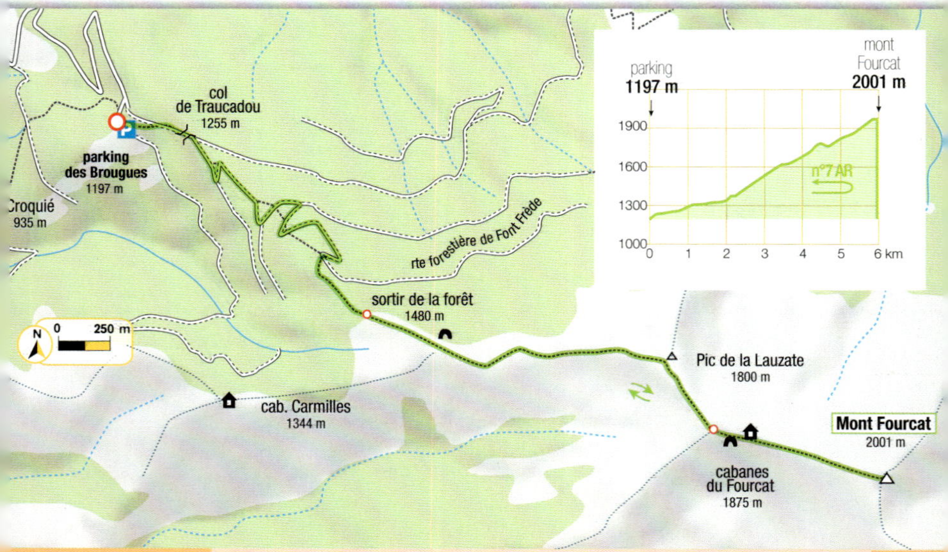

8/9

Les Monts-d'Olmes

# 8 Pic de Saint-Barthélemy 2348 m
# 9 Crête des Monts-d'Olmes 2348 m

**8** 4h30 - 11 km - 1000 m+

**9** 5h30 - 13 km - 1250 m+

**8.** Itinéraire sur chemin et sentier balisés. Se méfier du brouillard dans la partie médiane où le sentier est parfois peu marqué.

**9.** Itinéraire en crête parfois raide, en partie hors balisage et avec quelques courts passages où il faudra poser une main.

**Balisage :** Jaune, puis jaune et rouge à partir du col. Partiellement balisé pour la crête.

**Accès :** De Lavelanet, ou de la 2x2 voies, entre Foix et Tarascon, suivre « Station des Monts d'Olmes ». Traverser toute la station pour se garer au fond du parking des machines.

**Départ :** Station des Monts-d'Olmes, 22 km au SO de Lavelanet.

**Carte :** IGN TOP25 2148 ET

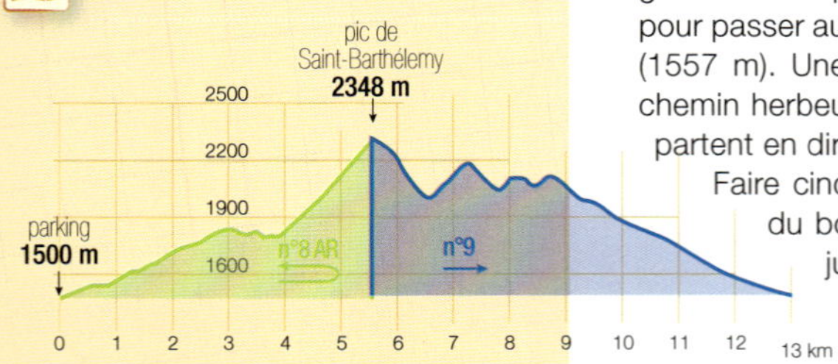


***Depuis la station des Monts d'Olmes, le « St-Barth » est un grand classique abordable. Après un départ paisible, entre pelouses et bosquets, sur des pentes peu déclives, une fin plus rude permet d'apprécier pleinement l'arrivée au sommet. Le très vaste panorama sur le pays d'Olmes et sur Lavelanet d'un côté, sur la Haute-Ariège de l'autre, récompensera amplement les efforts consentis. Les plus vaillants et expérimentés pourront rentrer à toute crête, par l'ascension de nombreux petits sommets.***

## 8 : Pic de Saint-Barthélemy

**0h00 > Du parking** (1500 m), juste après les bâtiments techniques, emprunter la piste interdite à la circulation qui vient dominer la station. Déboucher rapidement au niveau d'un téléski. Virer alors sur la piste de gauche et la quitter, 100 m après à gauche, pour passer au pied du téléski de Fage Belle (1557 m). Une amorce de sentier, puis un chemin herbeux en pénétrant dans la forêt, partent en direction du pic.

Faire cinq courts lacets et, à la sortie du bois, virer à gauche. Rejoindre juste au dessus un petit chemin herbeux et opter pour la branche qui monte à gauche (SE). Contourner par la droite le…

**0h40 > Replat des étangs de Fage Belle** (1750 m), peu visible. À la fourche, prendre le chemin de gauche pour enjamber un petit ruisseau au niveau d'un captage. Maintenant sur un bon sentier, au milieu des rhododendrons, venir dominer le lac.

**1h00 > À la bifurcation** (1865 m), suivre le sentier de gauche. Redescendre un peu pour traverser le fond du cirque, en direction de la base du col (orri ruiné). Grimper alors franchement au…

**1h40 > Col de Girabal** (1996 m). La Haute-Ariège s'ouvre à vous ! Sans mollir nullement, avaler patiemment les 350 m de dénivelé restant de la crête O, jusqu'au…

**2h30 > Pic de Saint-Barthélemy** (2348 m). Les étangs du Diable, la station, le château de Roquefixade, Lavelanet, la plaine, la montagne Noire, la haute chaîne frontalière… avec un départ matinal et un temps limpide, le panorama sera immense. Retour par le même itinéraire au…

**4h30 > Parking.**

## 9 : Crête des Monts-d'Olmes

**2h30 > Du Saint-Barthélemy,** revenir au col de Girabal. Une courte mais rude montée le long de la crête E mène au non nommé pic de Girabal (2169 m). Après une descente en douceur vers le…

**3h40 > Col de l'Étang d'Appy** (2027 m), où l'on abandonne le balisage jaune et rouge, s'élever par des sentes suivant plus ou moins la crête jusqu'à un premier sommet (2125 m). Descendre franchir une petite brèche et remonter en face, plus facilement qu'il n'aurait pu paraître. Désescalader, par une sente zigzaguant, les petites dalles faciles du versant sud pour remonter sans difficulté à l'antenne du…

**4h20 > Pic Galinat** (2115 m). Une descente aisée sur la croupe au NO, dans de belles pelouses, se terminant par une petite échelle, permet d'atteindre le col de Cadène (1952 m) où débouche un téléski. Basculer alors versant N et, par un chemin balisé en jaune, en ignorant deux embranchements horizontaux à droite et en coupant facilement quelques lacets, rejoindre l'itinéraire du matin juste à l'O du téléski de Fage Belle (1557 m). Quelques minutes de plus suffisent à atteindre le…

**5h30 > Parking.**

*Étang de Fage Belle.*

Un classique local, le Soularac en mode trail.

Bleu intense de l'étang du Diable.

Moulzoune

# 10 Pics de Soularac et de St-Barthélemy 2368 m

## par les étangs des Truites et du Diable

**6h40 - 18 km - 1300 m+**

**10.** Itinéraire sur sentier balisé, avec un passage plus sauvage, autour des étangs. À éviter par temps humide ou de brouillard. Possibilité de névés raides jusqu'en début d'été. Un court passage nécessitant de poser une main pour accéder au Soularac.

**Balisage :** Jaune complété par du jaune et rouge sur la fin de la montée.

**Accès :** De Lavelanet, ou de la 2x2 voies, entre Foix et Tarascon, suivre «Station des Monts-d'Olmes». 1,5 km après Montferrier, prendre à droite vers les Monts-d'Olmes, sur 5 km. Suivre alors, en épingle à gauche, la route forestière de la Mine (piste), sur 3,5 km. Parking à droite de la piste.

**Départ :** Parking de Moulzoune, 17 km au SO de Lavelanet.

**Carte :** IGN TOP25 2147ET

**Cabane** du Vacher.

***Voici certainement la plus belle et la plus complète manière d'atteindre le sommet du Saint-Barthélemy : une belle hêtraie, des anciennes mines de talc, une cabane, un chemin de traverse à la recherche d'étangs secrets, des vallons sauvages, et enfin un sommet panoramique entre haute montagne et plaine. Le retour, en crête, avec des vues saisissantes sur l'étang du Diable, puis dans des champs de myrtilliers, ne perd rien au change. En bonus… le Soularac, point culminant du massif. Que du bonheur !***

**0h00 > Du parking de Moulzoune** (1296 m), suivre, dans une belle hêtraie, le chemin pierreux qui grimpe en direction du Saint-Barthélemy. Passer à gauche du petit lac de Moulzoune puis devant la fontaine du Fangas. Sortir bientôt à découvert, sur un plat herbeux, au cœur de l'ancienne mine du Fangas. Marcher juste à gauche de wagonnets, puis d'un bâtiment ruiné. Traverser un bois et atteindre la…

**0h50 > Cabane du Vacher** (1572 m). Rejoindre vers le S la crête et, 200 m après, à une bifurcation, suivre le sentier à droite

Étang des Truites.

qui monte vers le Saint-Barthélemy. Plus haut, à une première bifurcation de sentier, prendre à gauche pour contourner une butte raide. À une…

**1h40 > Deuxième bifurcation** (1877 m), prendre à nouveau à gauche en direction des lacs des Truites et du Diable. Ce petit sentier, un peu chaotique, entre landes, bosquets de pins et blocs rocheux, vous conduit de montées en descentes à l'…

**2h25 > Étang des Truites** (1852 m). Traverser le ruisseau et surmonter le petit cirque rocheux par l'E pour rejoindre le sentier du GRP (balisage jaune et rouge ancien). Le suivre à droite, traverser un ruisselet et grimper raide à droite, pour passer sous une roche rouge. Venir dominer l'…

**2h50 > Étang du Diable** (2000 m), d'un bleu intense. Passer à l'E de l'étang et faire attention à ne pas perdre le balisage dans des petits plats herbeux où le sentier est moins bien marqué. Au pied du pic de Soularac, surmonter un ressaut raide par un couloir. Contourner les petits étangs Supérieurs par le N et rejoindre le…

**3h25 > Col du Trou de l'Ours** (2215 m). Grimper vers l'E, sur un petit sentier balisé en jaune, par des pentes raides, toujours à proximité de la crête, avec quelques passages aériens obligeant à poser une main.

**3h50 > Pic de Soularac** (2368 m), sommet du massif de Tabe, avec à nos pieds, le Diable et le pays d'Olmes. Revenir par le même itinéraire au col, puis par une dernière montée régulière, le long de la crête, gagner le…

**4h25 > Pic de Saint-Barthélemy** (2348 m), magnifique belvédère. Après une pause méritée, revenir de quelques mètres en arrière puis suivre le sentier balisé en jaune le long de la crête N. Ne plus se lasser d'admirer l'intensité bleutée du Diable, puis basculer par deux fois flanc O, pour éviter deux éminences marquées. Contourner ensuite la butte 1924 par le S afin de rejoindre le sentier de l'aller, la cabane du Vacher, la mine et le…

**6h40 > Parking.**

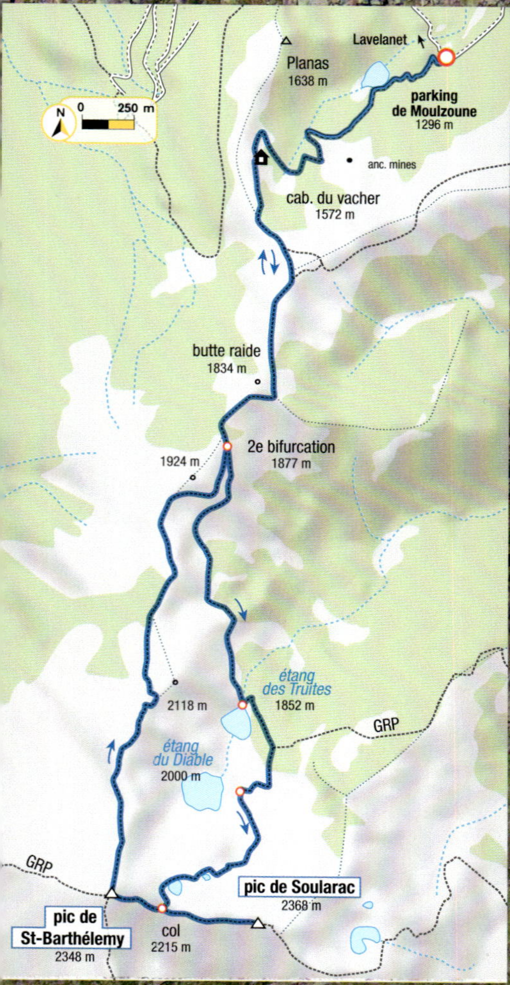

Dernière montée au Soularac

Montségur

# 11 Pic de la Frau 1925 m

**6h30 - 18 km - 1200 m+**

**11.** Long itinéraire sur pistes et sentiers en partie balisés. Les portions HS ne présentent pas de difficulté d'orientation.

**Balisage :** Jaune, puis jaune et rouge pour la descente, à partir du col de la Peyre.

**Accès :** Foix > Saint-Paul de Jarrat > Villeneuve-d'Olmes > Montségur ou, Lavelanet > Villeneuve-d'Olmes > Montségur > Sortie S du village, quitter la D9 dans le virage pour prendre en face sur 500 m et se garer à l'intersection (petits emplacements).

**Départ :** Pontareille, 14 km au S de Lavelanet.

**Carte :** IGN TOP25 2148 ET et 2247 OT

**Cabanes** du Pas de Mouscadou, de Jasse de Pratmau et de Jasse de Pratmau supérieure.

***Aux confins de l'Ariège se dresse la montagne de la Frau, faisant face au pog de Montségur. Ses flancs recouverts de forêts majestueuses respirent la quiétude tandis que ses croupes dégarnies laissent porter le regard jusqu'aux hautes cimes frontalières, tout autant que sur l'immense plaine.***

**0h00 > Du parking** (920 m), prendre la piste à gauche qui emprunte le pont du Raissec (915 m). Elle ignore à gauche le chemin d'une exploitation, monte en lacets et franchit une barrière. Entrer dans une forêt privée dont la règlementation de l'accès peut évoluer, tout comme le quadrillage des pistes. Suivre la piste, en ascendance régulière sur presque 3 km, en ignorant une

Derrière nous, Montségur et Lavelanet

bifurcation en épingle à droite, puis deux autres à gauche. À une...

**1h10 > Nouvelle bifurcation** (1250 m), monter à revers à droite sur une piste moins large et plus pentue. 100 m après l'épingle à gauche, repérer à droite le discret cairn indiquant le départ du...

**1h30 > Sentier** (1330 m). Il monte droit dans le bois jusqu'à parvenir sur la...

**1h40 > Crête du Roc du Tals** (1380 m). Elle deviendra notre fil directeur. La suivre au S selon un balisage jaune et rouge très ancien. Traverser une clairière avec une grotte à l'extrémité, avant de poursuivre versant gauche, sous la ligne de crête. La rejoindre plus loin alors qu'elle est déboisée (1470 m). L'impressionnant porche de la grotte de la Caunha apparait au loin tandis que le pog de Montségur trône vers l'arrière. Persévérer.

**2h15 > Vers 1600 m,** une sente court horizontalement flanc O vers la grotte, toute proche, qui mérite le détour. Le flanc gauche se déboise, la pente se redresse, des affleurements de lapiaz font leur apparition parmi les pins épars.

**2h50 > Plateau** (1778 m). La crête n'est plus marquée et la sente s'efface. Se diriger HS au S en direction du...

**3h20 > Pic de la Frau** (1925 m), entre Aude et Ariège et entre plaine et montagne. Descendre HS par la croupe herbeuse au SO avant de retrouver une bonne sente versant droit de la crête d'Embeyre. Atteindre le pas de Mouscadou (cabane semi-enterrée 100 m au SE) et gravir le...

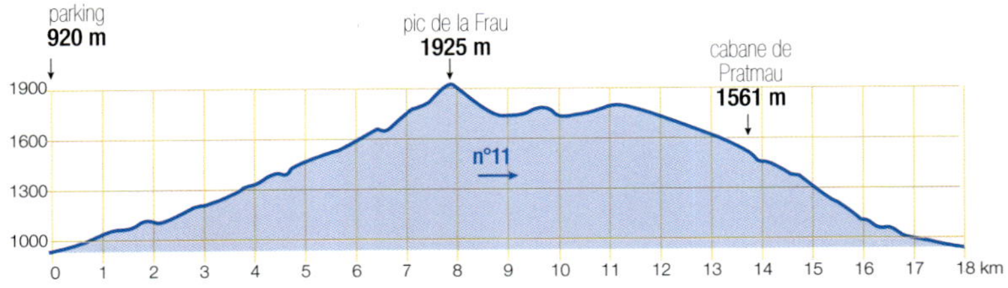


**3h50 > Sarrat de Caudeval** (1800 m). En observer ses belles falaises et poursuivre, sur la large crête herbeuse, par un sentier puis une piste de mieux en mieux marquée menant au…

**4h40 > Col de la Peyre ou de la Terme** (1725 m). C'est le point septentrional de la carrière de talc de Trimouns. Descendre par la piste au N, balisée en jaune. Elle conduit à la…

**5h00 > Cabane de la jasse de Pratmau** (1561 m) ou Premaout. Prendre pied sur le GRP que l'on suit aval, au départ peu marqué dans la prairie, avant de rentrer dans le bois où fait suite un large et beau sentier. Parvenir sur une…

**5h25 > Piste** (1320 m). La suivre à droite sur 100 m puis basculer à gauche sur le sentier. Recouper plus bas une piste (1120 m) au-delà de laquelle fait suite un chemin forestier. Parvenir dans l'épingle d'une…

**6h00 > Piste** (1008 m). La suivre aval sur 400 m avant de trouver un panonceau marquant l'amorce d'un sentier à droite (« bord du Lasset »). L'emprunter jusqu'à tomber sur la piste suivie à l'aller. La prendre à gauche jusqu'au…

**6h30 > Parking.**

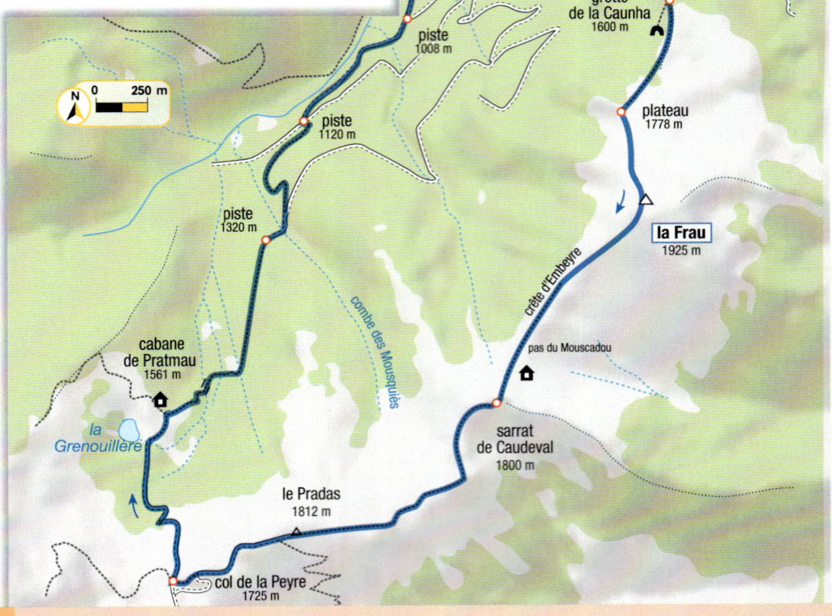

Vers la grotte de la Caunha

Port de Lers

# 12 Pic des Trois Seigneurs *2199 m*

**4h45 - 11 km - 925 m+**

**12.** Randonnée sur petit sentier balisé avec quelques passages où il faudra poser une main. Possibilité de névés jusqu'en début d'été. À éviter par temps de brouillard.

**Balisage :** Jaune.

**Accès :** Sortie S de Tarascon-sur-Ariège > Vicdessos. Dans le bourg, monter à droite vers le port de Lers sur 10 km. Se garer au mieux, en bord de route, dans une épingle à gauche, 1,5 km avant le col.

**Départ :** Parking du sentier de l'étang d'Arbu, 10 km au NO de Vicdessos.

**Carte :** IGN TOP25 2047 ET

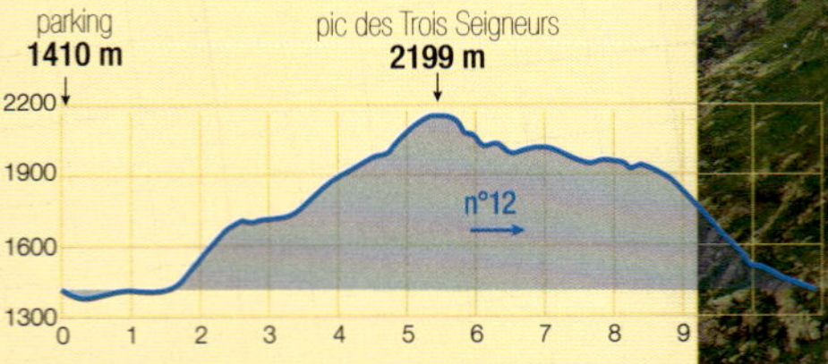


***Après une première partie vers un joli lac de montagne, vous cheminerez longuement, entre pelouses et dalles de granit, pour rejoindre l'arête faîtière et le sommet du massif, où la vue s'ouvre très largement sur la montagne ariégeoises. Le retour à « toute crête » permet d'en prolonger longuement le plaisir.***

**0h00 > De l'épingle** (1410 m), suivre le bon sentier horizontal de l'étang d'Arbu. Franchir deux petits torrents par quelques pierres, puis traverser le ruisseau par le joli petit…

Crête somitale.

**0h25 > Pont de Ganioule** (1418 m). Juste après, s'élever à gauche par le bon sentier assez raide. Passer entre deux beaux orris, puis descendre un peu pour remonter en face par une petite dalle rocheuse facile. Déboucher alors sur l'…

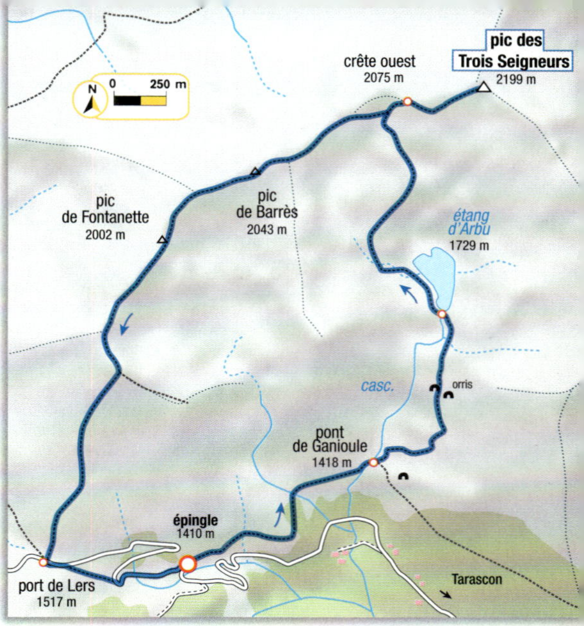


**1h15 > Étang d'Arbu** (1729 m). Traverser le ruisseau au niveau du déversoir et contourner le lac par le SO. Grimper à gauche, en bord de torrent, dans un petit corridor. La montée se poursuit entre pelouses et petites dalles granitiques. Venir dominer le lac puis rejoindre un petit plat herbeux. Peu après, franchir un ressaut rocheux plus raide en zigzagant au plus facile (prudence). Laisser alors filer le sentier du retour à gauche pour rejoindre, à droite, la…

**2h20 > Crête ouest** (2075 m) au niveau d'une petite brèche. Suivre maintenant les abords immédiats de la crête jusqu'au point culminant du massif, le…

**2h40 > Pic des Trois Seigneurs** (2199 m, croix) et un très large panorama sur les montagnes du Couserans et des Pyrénées centrales. Revenir sur ses pas jusqu'à la petite brèche et, juste en dessous, par le sentier de droite, rejoindre la crête. La suivre en contournant une première pointe par la droite et une seconde, le pic de Barrès, par la gauche. Remonter au…

**3h40 > Pic de Fontanette** (2002 m) et, cinq bonnes minutes après, avant que la crête ne s'oriente trop à l'E, bien faire attention à suivre le sentier à droite (S) pour une descente bien soutenue. Rejoindre la clôture puis le…

**4h30 > Port de Lers** (1517 m). Suivre la route à gauche sur 200 m, couper un lacet par les pelouses et, par la route, rejoindre le…

**4h45 > Petit parking** de l'épingle.

Cascade en escalier, au-dessus du refuge.

Massada

# 13 Étangs et refuge de Bassiès 1654 m
# 14 Pique Rouge de Bassiès 2676 m 2 jours

**13** 6h - 15 km - 1000 m+

**14** 12h - 28 km - 2250 m+

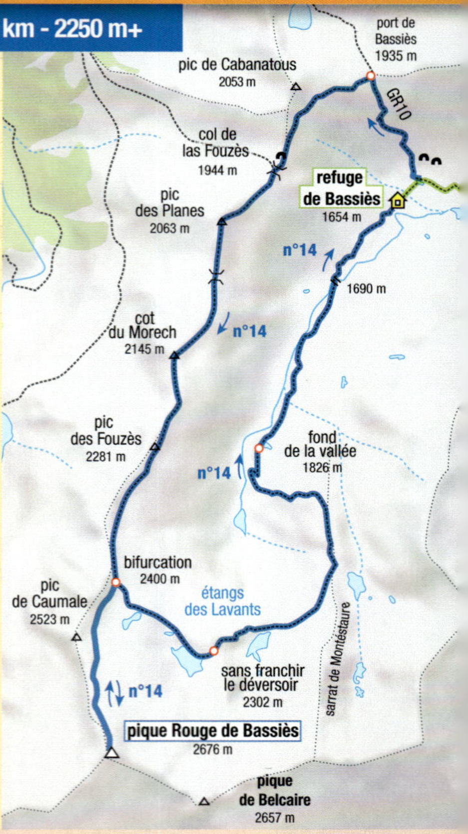


**13.** Itinéraire sur sentier balisé.
**14.** Long itinéraire sur petit sentier et HS, mais toujours balisé et cairné. Par mauvaise visibilité, ne pas faire le retour en boucle par les étangs des Lavants. Névés possibles jusqu'en début d'été.

**Balisage :** Départ jaune ancien, puis blanc et rouge du GR10 au refuge et au port de Bassiès, jaune pour la boucle du pic.

**Accès :** Sortie S de Tarascon-sur-Ariège > Vicdessos > Auzat. Dans ce village, suivre la D8 en direction de Marc sur 3 km, jusqu'au parking de Massada, à droite de la route, ou, s'il reste de la place, 200 m après, dans l'épingle.

**Départ :** Parking de Massada, 4 km au SO De Vicdessos.

**Carte :** IGN TOP25 21480T

**Refuge** gardé de Bassiès.

*Doit-on encore présenter la pique Rouge de Bassiès ? Aux confins du Couserans et du Vicdessos, dominant un vaste bassin lacustre où s'épanouissent chevaux, pêcheurs et randonneurs, le pic, dans son écrin de granit rose, offre un admirable point de vue sur le versant nord des 3000 ariégeois. Si, au départ de Coumebière (Cf. le « 100% rando Couserans »), l'itinéraire reste abordable à la journée, depuis Auzat, on parcourra avantageusement ce massif avec une nuit en montagne, au refuge, sous tente où à la belle étoile.*

### 13 : Étangs et refuge de Bassiès

**0h00 > Du parking de Massada** (821 m), faire 200 m de plus sur la route et, dans l'épingle à gauche, poursuivre tout droit sur le sentier de Bassiès. Traverser de suite le Vicdessos par une passerelle et s'élever rive gauche jusqu'à un…

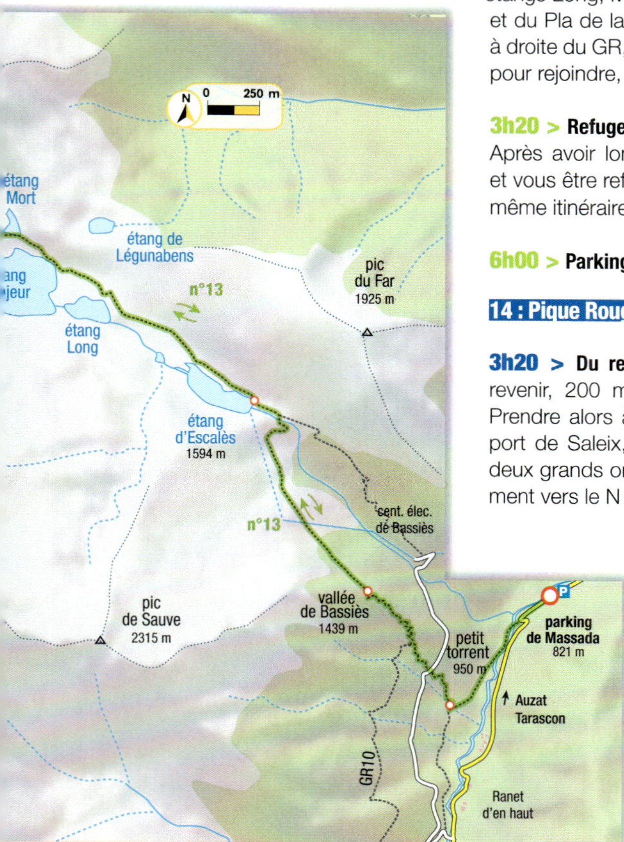


**0h25 > Petit torrent envahissant** (950 m). À peine franchi, à la bifurcation, repartir en épingle à droite pour le refranchir ! Débute une grande montée en lacets réguliers, croisant d'abord la route EDF privée (1050 m), puis rattrapant le GR10 (1173 m), à suivre à droite. Passer une petite crête marquant l'entrée dans la…

**1h40 > Vallée de Bassiès** (1439 m). Descendre un peu dans une belle futaie, profiter d'une source et repartir à la hausse. Sortir du couvert, passer sous une conduite forcée et, après avoir contourné par le N une barrière rocheuse, découvrir le superbe pont de pierre enjambant le torrent. Atteindre, juste après, l'…

**2h20 > Étang d'Escalès** (1594 m). Le longer par la droite et, toujours avec le balisage blanc et rouge, parcourir ce large fond de vallée, un peu humide, pour découvrir les étangs Long, Majeur, Mort (le seul à droite) et du Pla de la Font. Ignorer la bifurcation à droite du GR, montant au port de Saleix, pour rejoindre, 200 m à gauche, le…

**3h20 > Refuge gardé de Bassiès** (1654 m). Après avoir longuement profité des lieux et vous être refait une santé, revenir par le même itinéraire au…

**6h00 > Parking.**

### 14 : Pique Rouge de Bassiès

**3h20 > Du refuge de Bassiès** (1654 m), revenir, 200 m au NE, à la bifurcation. Prendre alors à gauche, le GR10 vers le port de Saleix, passant de suite derrière deux grands orris. Le sentier monte rudement vers le N au…

**4h10 > Port de Bassiès** (1935 m). Apprécier le chemin parcouru et observer, vers le S, celui restant à entreprendre. Quitter alors le GR pour le petit sentier balisé en jaune filant à gauche, sous le

pic de Cabanatous. Atteindre le col de las Fouzès (petit abri), où s'opère la jonction avec les randonneurs partis de Coumebière, versant Aulus. Gagner par la crête le…

**4h45 > Pic des Planes** (2063 m), puis, par de vastes pelouses, le cot de Morech (2145 m). Contourner ensuite, par le versant E, le raide pic des Fouzès, puis la crête de Caumale. Le terrain s'empierraillant, le sentier devient moins marqué mais toujours bien balisé et cairné.

**5h50 > Vers 2400 m**, laisser partir vers le SE la petite sente de retour, balisée également en jaune, qui file vers les étangs des Lavants de l'Escale, pour continuer vers le S, guidé par le balisage, dans un paysage minéral de blocs et de dalles de granit rose, encombré en début d'été de petits névés peu raides. Prudence à leur jonction avec la roche. Un dernier « coup de cul », sur un sentier mieux marqué, permet de gagner la…

**6h40 > Pique Rouge de Bassiès** (2676 m), ouvrant un large horizon sur la montagne ariégeoise, en général, et sur le massif du Montcalm, en particulier. Après une halte bien méritée, revenir à la bifurcation vers 2400 m. Suivre alors vers le SE la petite sente balisée en jaune qui longe par le N les étangs supérieurs des Lavants de l'Escale.

**7h35 > Sans franchir le déversoir** (2302 m) du plus vaste des étangs, remonter un peu pour contourner par la gauche une petite gorge. Après avoir enjambé par de gros blocs le déversoir caché de l'étang inférieur, rejoindre la croupe du sarrat de Montestaure, pour boucler le tour du cirque. Vers 2100 m, plonger vers l'O rejoindre, par une épaule herbeuse et quelques dalles un peu glissantes, le…

**8h35 > Fond de la vallée** (1826 m), au pla des Mouscadous. Passer à gauche d'un petit laquet, franchir quelques rus et longer le ruisseau principal, agrémenté de belles cascades en escaliers et de vasques à l'eau claire. À 1690 m, passer rive gauche par une passerelle en mauvais état et se laisser glisser tranquillement jusqu'au…

**9h15 > Refuge.** Après un bon remontant - pas obligatoire, mais tout de même conseillé - revenir patiemment, par l'itinéraire de l'aller, au…

**12h00 > Parking.**

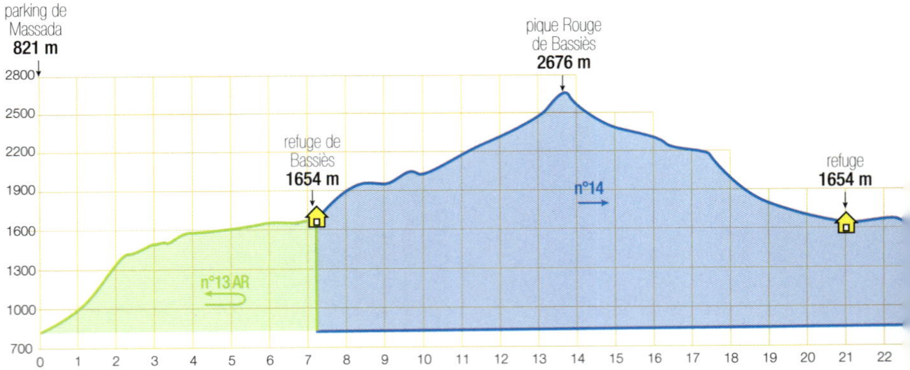

Vue sur la Pique Rouge depuis celle de Belcaire.

L'Artigue

# 15 Pique Rouge de Bassiès par l'Artigue 2676 m
# 16 Pique de Belcaire 2657 m

**15** 6h50 - 13 km - 1550 m+ **16** 7h40 - 14 km - 1650 m+

**15.** Itinéraire balisé mais HS en fin de parcours. Bonne visibilité impérative.
**16.** Itinéraire le plus souvent HS. Notion de lecture de paysage et d'orientation. Présence de névé en début d'été sous la brèche de Belcaire (crampons et piolet utiles).

**Balisage :** Blanc et rouge (sauf le tout départ), puis jaune pour la pique Rouge. Hors balisage pour la pique de Belcaire.

**Accès :** Tarascon > Vicdessos > Auzat > Marc > L'Artigue. Se garer sur le parking aménagé en contrebas de la route juste après la centrale. Sanitaires dans le virage.

**Départ :** Parking de L'Artigue, 11 km au SO de Vicdessos.

**Carte :** IGN TOP25 2148 OT

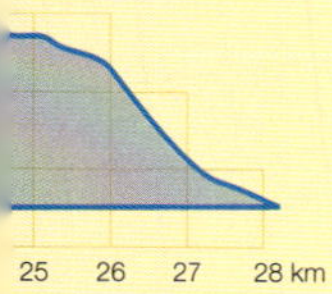


***Le massif de Bassiès offre une immense soulane sauvage où s'entremêlent banquettes herbeuses et dalles granitiques. Le bouquetin ne s'y est pas trompé en s'y établissant. Deux cimes remarquables, la pique Rouge de Bassiès et la pique de Belcaire dominent ces vastes étendues.***

## 15 : Pique Rouge de Bassiès

**0h00 > Du parking** (1150 m), monter à l'épingle de la route et, sans se diriger vers les sanitaires, emprunter le sentier non balisé qui s'amorce à revers à gauche, en sortie d'épingle. Grimpant raide dans le bois, il vient rapidement prendre pied sur un sentier horizontal (1200 m), à suivre à gauche. Passer sous le hameau de Lagréu et, sans tarder, rejoindre le GR T60 que l'on arpente amont. Il traverse longuement, d'abord en montée, puis en oscillations, jusqu'à l'…

**0h50 > Intersection de Labelanouses** (1401 m). Laisser à gauche le GR T60 qui descend franchir la passerelle, pour poursuivre en face sur le sentier balisé en jaune. Il commence à zébrer tout le flanc de montagne.

Vers 1750 m il s'abime, devient moins roulant et entame une traversée vers la gauche. Le long d'un second torrent, il monte droit dans la pente et se hisse sur le versant de…

**2h10 > La Raspe** (1900 m), dominé à droite par les murailles de Belcaire. Une zone herbeuse fait suite à un pierrier, toujours sur une pente soutenue. Progressivement, la sente s'efface mais l'itinéraire demeure bien balisé sur les rochers. Plus haut, les dalles de granite se font de plus en plus présentes, occasionnant des pas ludiques. Grimper directement vers le sommet et, juste avant, sous le ressaut terminal, traverser à droite pour gagner le versant N. En quelques mètres à gauche, s'atteint la…

**4h00 > Pique Rouge de Bassiès** (2676 m). Le massif Montcalm-Estats semble à portée de main et l'on en distingue tous les détails. Retour par le même itinéraire au…

**6h50 > Parking.**

## 16 : Pique de Belcaire

**4h00 > De la pique Rouge de Bassiès** (2676 m). Revenir sur ses pas et persévérer sur le fil de la crête en direction de la pique de Belcaire. S'en écarter franchement à gauche pour éviter des difficultés puis revenir le longer. Repérer à gauche, sur la crête E de la pique, une brèche évidente que l'on empruntera, ainsi que son accès au milieu des pierriers (cairns). Se maintenir toujours légèrement à gauche du fil, et louvoyer entre les petits ressauts pour parvenir à la…

**4h40 > Pique de Belcaire** (2657 m). Vue plongeante sur les lavants de Belcaire. Revenir en arrière chercher l'itinéraire qui oblique vers la brèche. Des cairns incitent d'abord à traverser une dalle ; puis le cheminement se fraye un passage dans le pierrier jusqu'à remonter sensiblement, sur un terrain croulant, dans la…

**4h55 > Brèche** (2590 m). La franchir et descendre droit dans le vallon. Plus bas, à la rupture de pente, ne pas se laisser attirer par la pleine pente à gauche et longer la crête de droite à une centaine de mètres. Plus bas, trouver de vagues sentes, puis une meilleure, juste avant une nouvelle

Cime de la Pique Rouge de Bassiès.

rupture. La sente part rejoindre la crête à droite, la chevauche rapidement et parvient dans un…

**5h45 > Col** (2125 m). Descendre HS dans le vallon de gauche, raide au départ. Plus bas, après un goulet, le vallon s'élargit et devient beaucoup plus roulant. Trouver une sente qui s'arrange en sentier cairné. Il descend dans un petit vallon parallèle juste à droite de celui du torrent. Sans tarder, il rejoint et…

**6h20 > Franchit le torrent** (1810 m), lorsque le vallon oblique à droite. Rive gauche, gagner par des sentes la…

**6h30 > Cabane** (1740 m), fermée. Emprunter le très bon sentier qui file aval, laissant à gauche les orris de Belcaire. Il suit le torrent, s'en éloigne et amorce une descente plus rapide. Plus bas, il longe à droite un…

**7h00 > Enclos** (1450 m) et s'efface. Trouver, à peine en dessous, un ancien chemin entre deux murets qui s'abaisse doucement à gauche. Encombré, il est difficile à suivre. Le longer dans le pré, jusqu'au bout de la parcelle, puis descendre, pleine pente jusqu'à l'angle inférieur de la parcelle et y trouver l'amorce d'un excellent sentier qui file NE. Franchir un ruisselet et à l'intersection (1280 m), descendre par le sentier de droite au…

**7h20 > Hameau de Remoul** (1227 m). Prendre à droite le très bon sentier balisé en jaune, en ignorant des sentes de part et d'autre, pour arriver au…

**7h35 > Hameau de l'Artigue** (1200 m). Le traverser et suivre la route jusqu'au…

**7h40 > Parking.**

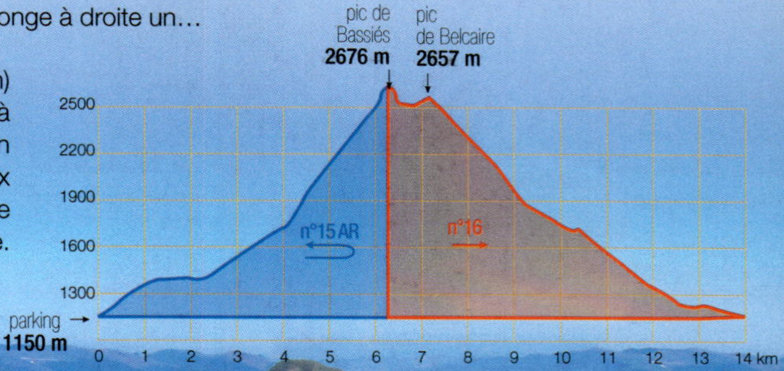

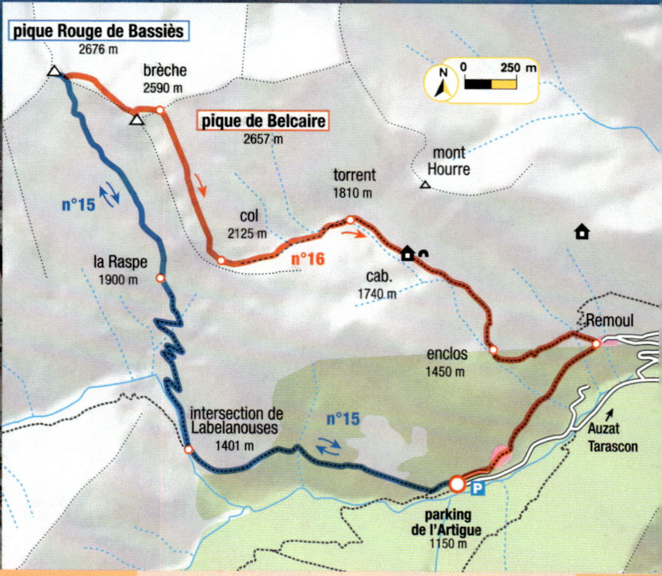

Lac de Bentéfarine.

L'Artigue

# 17 Étang de Bentéfarine *2430 m*
# 18 Pic Près de Puntussan *2699 m*

**17** 6h - 14 km - 1300 m+

**18** 7h40 - 17 km - 1600 m+

**17 et 18.** Itinéraire sur GR balisé puis HS, sur un terrain ponctuellement malcommode ou demandant un peu de lecture de paysage. Orientation facile.

**Balisage :** Blanc et rouge depuis Lagréu jusqu'aux Légunes.

**Accès :** Tarascon > Vicdessos > Auzat > Marc > L'Artigue. Se garer sur le parking aménagé en contrebas de la route juste après la centrale. Sanitaires dans le virage.

**Départ :** Parking de L'Artigue, 11 km au SO de Vicdessos.

**Carte :** IGN TOP25 2148 OT

**Cabane** d'Artigue.

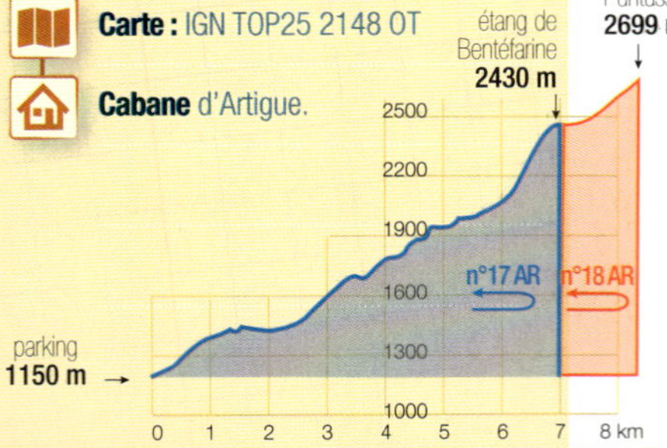


***Étang de Bentéfarine ou pic Près de Puntussan sont des noms qui chantent et évoquent une Ariège méconnue. Ils ne s'atteignent qu'au terme d'une randonnée hors sentier dans un recoin très peu fréquenté. Reflets d'une Ariège sauvage, ils ne manquent pas d'attraits.***

## 17 : Étang de Bentéfarine

**0h00 > Du parking** (1150 m), monter à l'épingle de la route et, sans se diriger vers les sanitaires, emprunter le sentier non balisé qui s'amorce à revers à gauche, en sortie d'épingle. Grimpant raide dans le bois, il vient rapidement prendre pied sur un sentier horizontal (1200 m), à suivre à gauche. Passer sous le hameau de Lagréu et, sans tarder, rejoindre le GR T60 que l'on arpente amont. Il traverse longuement, d'abord en montée, puis en oscillations, jusqu'à l'…

**0h50 > Intersection de Labelanouses** (1401 m). Laisser en face le sentier de la pique Rouge de Bassiès (balisage jaune), pour emprunter à gauche la passerelle. S'élever dans les pelouses de la Terre Rouge avant de remonter en lacets franchir un col-

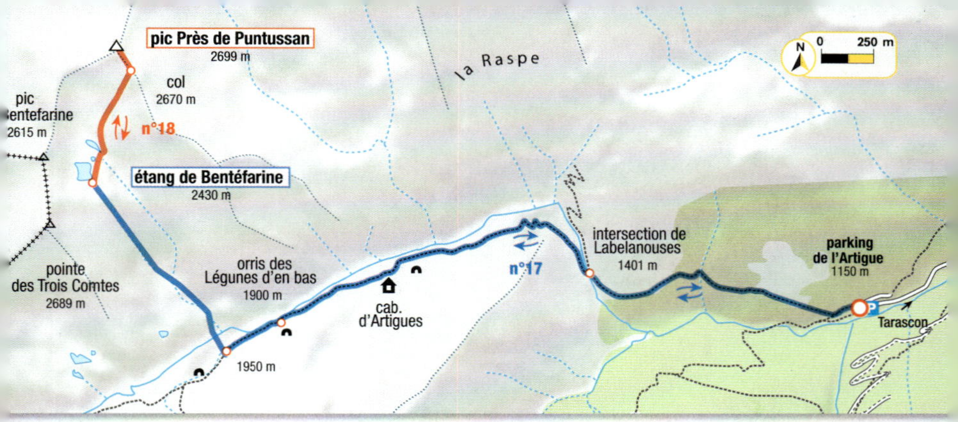


let. Le GR T60 se couche et longe, rive droite, le torrent de l'Artigue. Dépasser les…

**2h05 > Orris des Légunes d'en bas** (1900 m) et, vers 1950 m, avant d'être au niveau de l'orri des Légunes d'en haut, sur l'autre rive, …

**2h10 > Quitter le GR T60.** Enjamber le torrent, franchir HS une petite croupe à droite puis un ruisselet et s'engager dans le vallon s'ouvrant au NO. Raide et malcommode sur le départ, il se couche et offre une vague sente de bêtes rive gauche ensuite. Parvenir dans un cirque fendu d'une profonde entaille. La gravir jusqu'à se rétablir en contre-haut de l'…

**3h30 > Étang de Bentéfarine** (2430 m). Retour par le même itinéraire au…

**6h00 > Parking.**

## 18 : Pic Près de Puntussan

**3h30 > Contourner l'étang de Bentéfarine** (2430 m) par la droite et aller passer à côté d'un grand cairn ajouré. Au NE se dresse le pic Près de Puntussan, à sa droite, un col. HS, en utilisant une alternance de banquettes herbeuses et de dalles granitiques, rallier ce…

**4h25 > Col** (2670 m). En suivant le fil à gauche, parsemé de gros blocs plats, on atteint le…

**4h30 > Pic Près de Puntussan** (2699 m). Immense belvédère. L'œil averti décèlera même le Perdiguère, le pic Long et le glacier d'Ossoue. Retour par le même itinéraire au…

**7h40 > Parking.**

Verdoyante vallée de l'Artigue.

19/20

Orri des Légunes d'en haut.

L'Artigue

# 19 Étang de Montestaure 2310 m
# 20 Pic de Brougat 2711 m

**19** 5h30 - 13 km - 1200 m+ **20** 7h45 - 17 km - 1600 m+

**19.** Itinéraire sur sentier balisé.
**20.** Itinéraire en partie HS, dans un pierrier localement croulant et raide, pouvant être enneigé en début d'été.

**Balisage :** Blanc et rouge depuis Lagréu jusqu'aux Légunes. Puis jaune jusqu'à l'étang de Montestaure.

**Accès :** Tarascon > Vicdessos > Auzat > Marc > L'Artigue. Se garer sur le parking aménagé en contrebas de la route juste après la centrale. Sanitaires dans le virage.

**Départ :** Parking de L'Artigue, 11 km au SO de Vicdessos.

**Carte :** IGN TOP25 2148 OT

**Cabane** d'Artigue.

***L'étang de Montestaure est un joyau lacustre qui ne se révèle qu'au tout dernier moment, lové dans un écrin minéral qui relève la couleur de ses eaux translucides peu profondes. Le pic de Brougat en donne une vue aérienne, tout en ouvrant le regard sur son pendant espagnol.***

## 19 : Étang de Montestaure

**0h00 > Du parking** (1150 m), monter à l'épingle de la route et, sans se diriger vers les sanitaires, emprunter le sentier non balisé qui s'amorce à revers à gauche, en sortie d'épingle. Grimpant raide dans le bois, il vient rapidement prendre pied sur un sentier horizontal (1200 m), à suivre à gauche. Passer sous le hameau de Lagréu et, sans tarder, rejoindre le GR T60 que l'on arpente

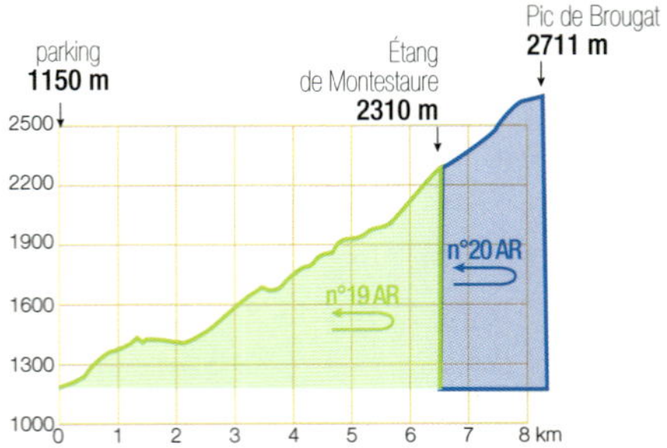

**3h10 > Étang de Montestaure** (2310 m). Pour gagner ses rives (2280 m), poursuivre sur le sentier balisé qui descend à l'E dans un collet en haut d'un couloir herbeux plongeant sur le lac. Retour par le même itinéraire au…

**5h30 > Parking.**

amont. Il traverse longuement, d'abord en montée, puis en oscillations, jusqu'à l'…

**0h50 > Intersection de Labelanouses** (1401 m). Laisser en face le sentier de la pique Rouge de Bassiès (balisage jaune), pour emprunter à gauche la passerelle. S'élever dans les pelouses de la Terre Rouge avant de remonter en lacets franchir un collet. Le GR T60 se couche et longe, rive droite, le torrent de l'Artigue. Dépasser les…

**2h05 > Orris des Légunes d'en bas** (1900 m). Alors que la pente se redresse, remarquer l'orri des Légunes d'en haut, sur l'autre rive. Juste avant que la pente ne se couche sur le plateau suivant, être attentif à une…

**2h30 > Bifurcation peu marquée, à gauche** (2053 m), balisée en jaune. Le sentier file au S, puis se hisse en contre-haut de la gorge du torrent issu de lac, jusqu'à un promontoire dominant l'…

## 20 : Pic de Brougat

**3h10 > Du promontoire** (2310 m) dominant le lac, poursuivre sur le sentier balisé qui descend à l'E dans un collet en haut d'un couloir herbeux plongeant sur le lac. Quitter le balisage et viser en face (cairns) un autre collet herbeux au S. Traverser tout le flanc qui devient pierreux, d'abord en courbe de niveau, puis en continuelle ascendance, de plus en plus soutenue et sur un terrain croulant, visant et ralliant le…

**4h10 > Port de Montestaure** (2603 m). Suivre sans difficulté la crête à main droite, passant une antécime, puis atteignant le principal…

**4h40 > Pic de Brougat** (2711 m). Le vrai sommet mentionné sur les cartes est à peine plus loin, et haut de 2706 m. Large vue se déployant sur les Encantats, la Maladeta, les plus hauts sommets du Couserans (mont Rouch, Certescans, Valier…), les cimes de Bassiès et de Belcaire, le massif Montcalm-Estats. Retour par le même itinéraire au…

**7h45 > Parking.**

En revenant du Brougat.

Refuge et étang du Pinet

# 21 Étang et refuge du Pinet 2242 m
# 22 Montcalm et pique d'Estats 3143 m 2 jours
# 23 Boucle par les Tables du Montcalm 3143 m 2 jours

21 4h45 - 9 km - 1100 m+ | 22 9h30 - 19 km - 2150 m+ | 23 10h - 20 km - 2150 m+

**21.** Randonnée sur sentier balisé.
**22.** Randonnée sur sentier balisé, à l'orientation évidente par bonne visibilité. Névés raides jusqu'en juillet.
**23.** Randonnée HS en haute montagne, pour montagnards expérimentés. Descente non balisée et pas toujours bien cairnée, dans des couloirs et des pentes très raides, nécessitant le sens de l'itinéraire et le pied très sûr. Plusieurs passages de désescalade en I. Névés très raides jusqu'en juillet (crampons et piolet). Ne pas parcourir par temps incertain ou trop tôt en saison.

**Balisage :** Blanc et rouge du GRT 61 jusqu'à 2900 m. Hors balisage ensuite mais évident.

**Accès :** Tarascon > Vicdessos > Auzat > Marc > L'Artigue. Se garer sur le parking aménagé en contrebas de la route juste après la centrale. Sanitaires dans le virage.

**Départ :** Parking de L'Artigue, 11 km au SO de Vicdessos.

**Carte :** IGN TOP25 2148 OT

**Refuge** gardé du Pinet.

***Premiers sommets de 3000 m en venant de la Méditerranée, le Montcalm et la pique d'Estats, sans être très difficiles se méritent cependant. Heureusement, le refuge gardé du Pinet permet de scinder les 2000 m de dénivelé en deux étapes et de profiter d'un vrai week-end d'immersion en montagne. La variante de retour par les tables du Montcalm – ancienne voie normale – apportera, aux montagnards expérimentés, technicité et sauvagerie à la course.***

**21 : Étang et refuge du Pinet**

**0h00 > Du parking** (1150m), monter à l'épingle de la route rejoindre le départ du large sentier du refuge du Pinet et du Montcalm (sanitaire). Laisser de suite filer un sentier en épingle à droite, puis traverser le torrent de l'Artigue par un petit pont de pierre (1203m). Peu après, à la bifurcation, monter raide à gauche. Plus haut, laisser un sentier en épingle à gauche (1475m) et continuer à monter rudement, dans cette belle hêtraie. Sortir au soleil de la…

**1h20 > Jasse de Pla Nouzère** (1650 m) et, juste après l'orri (fermé), à la bifurcation, prendre le sentier de droite. Il franchit un torrent par quelques pierres, puis poursuit sa patiente montée jusqu'aux…

**2h50 > Étang et refuge du Pinet** (2242 m). Ne pas hésiter à se balader un peu autour du lac pour des vues magnifiques sur cet environnement très montagnard. Après une bonne pause pour profiter des lieux et du refuge, entamer la descente par le bon sentier, bien visible, qui s'abaisse à flanc vers l'E, jusqu'à l'…

**3h20 > Étang Sourd** (1940 m), et sa cabane fermée. Longer le lac par la gauche avant de passer un collet pour basculer au N dans le thalweg herbeux qui s'ouvre. Puis, à cheval sur un bombement du relief, descendre très rapidement pleine pente, jusqu'à retrouver le GRT (1679 m), juste avant l'orri de Pla Nouzère. Par l'itinéraire de l'aller, rejoindre le…

**4h45 > Parking.**

## 22 : Pique d'Estats et Montcalm

**2h50 > Du refuge,** contourner le lac par la droite et suivre le flanc O de ce profond vallon, dans un terrain un peu raide présentant jusqu'assez tard en saison des névés pentus (prudence, crampons si nécessaire). À l'approche de l'étang d'Estats, le sentier passe devant une plaque commémorative (2417 m) et grimpe sur la gauche, vers l'E, rejoindre l'…

**3h50 > Étang du Montcalm** (2566 m), tout en longueur. Passer à sa droite pour grimper dans des rochers rouges, par un cheminement zigzaguant au plus facile, en direction du S. Dans un terrain vallonné peu raide, mais généralement enneigé, poursuivre plein S vers la crête.

**4h40 > Au col de la Coumette** (2900 m), ignorer, qui descend à droite, le sentier du GRT et, à gauche, celui montant au col de Riufret, pour persévérer au S. Une fois la crête atteinte, monter en deux pas à droite au pic Verdaguer (3131 m), avant de rejoindre, par un bon sentier en crête vers le S, le sommet de la…

**5h20 > Pique d'Estats** (3143 m), sa croix et ses Catalans particulièrement fiers d'être sur cette haute cime ! Prudence, le sommet est encerclé de versants bien raides. Rebrousser chemin et suivre la crête vers le col de Riufret (2978 m), puis vers le sommet, plus tranquille, du…

**5h50 > Montcalm** (3077 m). Redescendre patiemment, en vous hydratant bien pour protéger muscles et genoux des 2000 m de dénivelé négatif qui vous attendent, par le même itinéraire, en coupant directement du col du Riufret au col de la Coumette, au...

**7h30 > Refuge** (2242 m). Revenir maintenant, directement ou par l'étang Sourd, au…

**9h30 > Parking.**

## 23 : Boucle par les tables du Montcalm

**5h50 > Du Montcalm** (3077 m), descendre sur l'épaule arrondie vers le NE, puis, avant qu'elle ne devienne plus exiguë, vers 2950 m,

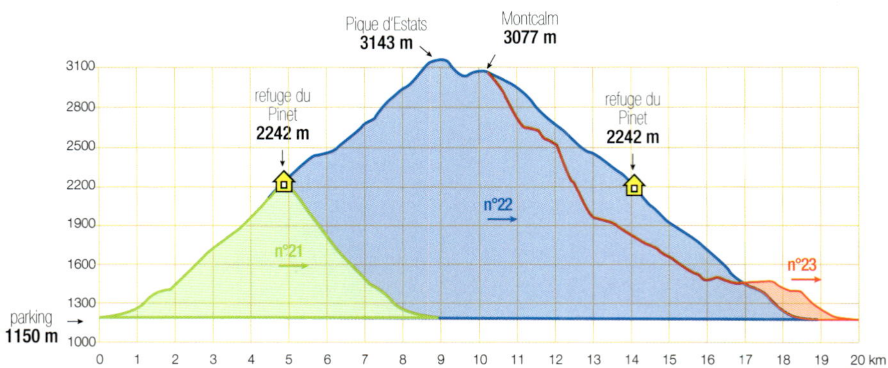

plonger, dans la même direction, dans des pentes très raides en zigzaguant au plus facile dans les rochers avec l'aide des mains. Rejoindre une…

**6h35 > Petite épaule** (2770 m), où vous partirez bien à droite par un étroit couloir de 100 m, généralement enneigé (crampons et piolet). Il conduit aux…

**6h50 > Tables du Montcalm** (2650 m) et à son petit laquet glacé. Passer son déversoir et descendre alors plus tranquillement vers le N, sur l'échine, en ne perdant pas de vue les cairns.

**7h10 > Vers la cote 2460,** avant que le torrent ne plonge, dans une petite pelouse, virer franchement vers le SE pour franchir un nouveau ressaut par des pentes herbeuses. Repartir au N, sur un petit sentier qui maintenant se dessine plus nettement, et traverser le torrent au pied d'une grande cascade. Rejoindre le…

**8h10 > Fond de vallée** (1960 m), au niveau de Pla-Subra et franchir le ruisseau. Poursuivre la descente rive droite, passer aux orris de Pujol le-Haut (un seul petit ouvert). Croiser une piste (1590 m), la retrouver plus bas et, 50 m après, la quitter à gauche par un petit sentier. Trouver, un peu plus bas, un bon sentier horizontal, balisé en jaune, qui repart vers l'O rejoindre le sentier de montée (1475 m), puis le…

**10h00 > Parking.**

Pente sommitale de la pique d'Estats et Montcalm. En toile de fond, la plaine et la montagne Noire.

Étang d'Estats

L'Artigue

# 24 Pic du port de Sullo 3072 m — 1 ou 2 jours
# 25 Enchaînement des « 3000 » 3143 m — 2 jours

**24** 9h15 - 16 km - 2025 m+

**25** 11h15 - 19 km - 2475 m+

***Les sommets supérieurs à 3000 m les plus orientaux des Pyrénées se situent sur le massif Montcalm-Estats, bien excentrés des autres groupes montagneux aussi élevés. Malgré un dénivelé important et un itinéraire de haute montagne, leur enchainement demeure à la portée de tout bon randonneur convenablement équipé. Du toit de l'Ariège se livrent alors au regard d'innombrables cimes, du Canigou à la Maladeta, et même au-delà.***

**24 et 25.** Itinéraire de haute montagne sur terrain minéral parfois très raide et croulant requérant pied assuré et sens de la trajectoire. Crampons et piolet pouvant être utiles jusqu'en milieu d'été. Névés résiduels pouvant occasionner en début de saison des chutes de pierres ou de neige, particulièrement au voisinage de l'étang d'Estats.

**Balisage :** Blanc et rouge jusqu'au refuge et sur le retour. Partiellement balisé pour les pics.

**Accès :** Sortie sud de Tarascon-sur-Ariège > Vicdessos > Auzat > Marc > D66 à droite vers L'Artigue, sur 2 km > parking de L'Artigue en contrebas.

**Départ :** Parking de L'Artigue (1170 m), 11 km au SO de Vicdessos.

**Carte :** IGN TOP25 2148 OT

**Refuge** gardé du Pinet.

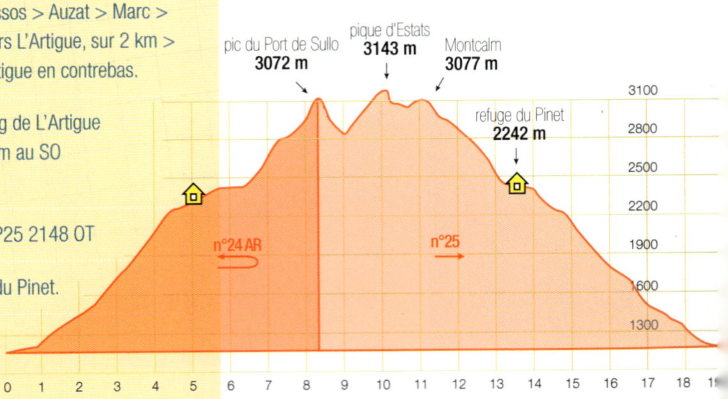

## 24 : Pic du Port de Sullo

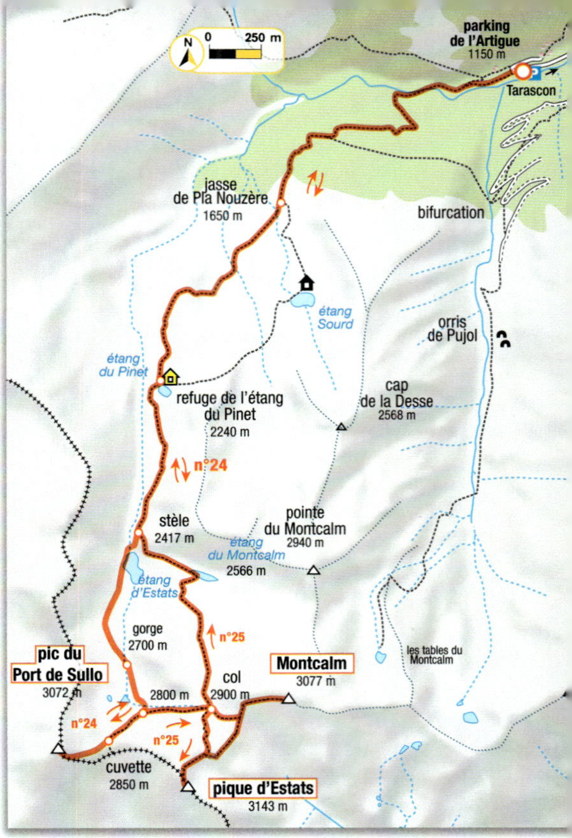


**0h00 > Du parking** (1150m), monter à l'épingle de la route rejoindre le départ du large sentier du refuge du Pinet et du Montcalm (sanitaire). Laisser de suite filer un sentier en épingle à droite, puis traverser le torrent de l'Artigue par un petit pont de pierre (1203m). Peu après, à la bifurcation, monter raide à gauche. Plus haut, laisser un sentier en épingle à gauche (1475m) et continuer à monter rudement, dans cette belle hêtraie. Sortir au soleil de la…

**1h20 > Jasse de Pla Nouzère** (1650 m) et, juste après l'orri (fermé), à la bifurcation, prendre le sentier de droite. Il franchit un torrent par quelques pierres, puis poursuit sa patiente montée jusqu'au lac et…

**2h50 > Refuge du Pinet** (2242 m). Contourner l'étang par la droite et suivre le flanc O de ce profond vallon, dans un terrain un peu raide présentant jusqu'assez tard en saison des névés pentus (prudence, crampons si nécessaire). À l'approche de l'étang d'Estats, le sentier passe devant une plaque commémorative…

**3h25 > Stèle** (2417 m). Trente mètres après, laisser grimper le sentier du Montcalm à gauche pour prendre à droite une sente en courbe de niveau qui vient dominer le…

**3h30 > Déversoir de l'étang d'Estats** (2415 m). Descendre le traverser. Longer la rive gauche sur des éboulis puis sur une sente mieux marquée. Elle s'élève progressivement, rejoint la base des falaises de droite, qu'elle suit un moment. Plus haut, les cairns vous invitent à appuyer à gauche en direction de la gorge, et surmontent un ressaut rocheux. Finir par descendre de quelques mètres dans la…

**4h15 > Gorge** (2700 m). Remonter cette grande rigole jusqu'à se retrouver au-dessus d'une barre rocheuse qui nous stoppe. On domine le lac de la Coumette. Longer la barre vers la gauche à la recherche du point de faiblesse. Descendre de quelques mètres et, de l'autre côté du thalweg, prendre pied sur…

**4h35 > Un bon sentier** (2800 m). À l'E, il se dirige vers le col de la Coumette. Pour notre part, le suivre à droite. S'élever dans la pierraille jusqu'à un collet derrière lequel redescendre dans une courte cheminée sans difficulté. Se diriger ensuite vers le port de Sullo, que l'on n'atteindra pas. Dans la…

**4h45 > Cuvette** (2850 m) précédant le port, quitter le sentier pour grimper dans la large pente à droite, sous le pic. Trouver d'abord une vague sente dans les éboulis, puis la pente devient de plus en plus instable, sur un terrain croulant. Ce n'est que plus haut, en se rapprochant de la ligne de crête à gauche, que le sol s'améliore. Atteindre ainsi le…

**5h25 > Pic du port de Sullo** (3072 m), ou pic de Sotllo. Retour par le même itinéraire au…

**7h20 > Refuge** (2240 m), puis, par l'itinéraire de monter ou par la boucle de l'étang Sourd (Cf. itinéraire précédent), au…

**9h15 > Parking.**

## 25 : Enchainement des « 3000 » : Sullo, Estats, Montcalm

**5h25 > Du pic du Port de Sullo** (3072 m), redescendre au bon sentier (2800 m) et poursuivre dessus, remontant tout le vallon vers l'E, sur son flanc droit, jusque sous le petit…

**6h20 > Col de la Coumette** (2900 m). Virer alors au S pour atteindre la crête (3044 m). La suivre vers l'O et monter, en deux pas à droite, au pic Verdaguer (3131 m), avant de rejoindre, par un bon sentier en crête vers le S, le sommet de la…

**7h00 > Pique d'Estats** (3143 m), sa croix et ses Catalans ! Rebrousser chemin et suivre la crête en sens inverse, vers le col du Riufret (2978 m), puis vers le sommet, plus tranquille, du…

**7h40 > Montcalm** (3077 m). Revenir alors au col de Riufret et basculer par un bon sentier dans le vallon à droite jusque sous le col de la Coumette (2900 m). Monter de quelques mètres à droite franchir le col. Descendre ensuite vers le N, par le sentier balisé en blanc et rouge, le vallon qui s'abaisse lentement. Parvenu sur les hauteurs du vallon de l'étang du Montcalm, obliquer à gauche sur la croupe qui le domine. Plus bas, basculer à droite (NE) dans un couloir menant à l'étang. Le contourner par la gauche. Du déversoir, le sentier passe sur le versant droit et s'abaisse jusqu'à la stèle, puis gagne le…

**9h20 > Refuge** (2240 m). Par l'itinéraire de montée ou par la boucle de l'étang Sourd (Cf. itinéraire précédent), revenir au…

**11h15 > Parking.**

**Plus long : Crête port de Sullo – pique d'Estats**

*Cet itinéraire, le plus élégant et rapide pour enchaîner les 3000, se montre à la portée de toute personne habituée à évoluer sur un terrain de haute montagne, superbement aérien et loin de la cohue de la VN.*

*Du port de Sullo (2874 m), remonter la crête vers l'E, d'abord versant S puis sur le fil bien marqué. Franchir un ressaut par le versant N, puis s'élever généralement un peu à gauche ou sur le fil, parfois aérien, en s'aidant d'une main. L'arête se couche (3025 m) et une sente file dans le versant nord jusqu'à un cairn dans un collet (3057 m). Derrière, gravir à droite une cheminée, jusqu'au pic Verdaguer (3131 m). La pique d'Estats n'est plus qu'une formalité.*

Montcalm, Verdaguer, Estats vus depuis le pic du port de Sullo.

Vue sur le massif de Bassiès.

Parking de « Pla-Subra »

# 26 Pointe d'Argent 2654 m

**7h45 - 15 km - 1700 m+**

**26.** Itinéraire sur sentier balisé puis en grande partie HS. Portions sur pentes herbeuses raides exigeant un pied assuré. À n'entreprendre que par temps clair et sec. Notions d'orientation et de lecture de paysage requises.

**Balisage :** Jaune du départ jusque vers 1500 m. Hors balisage ensuite.

**Accès :** Tarascon > Vicdessos > Auzat > Marc > Prendre la direction de l'Artigue et se garer sur le premier parking aménagé, juste avant un pont.

**Départ :** Parking pour Pla-Subra, 10 km au SO de Vicdessos.

**Carte :** IGN TOP25 2148 OT

***La pointe d'Argent, reflet des dalles de schiste qui la constellent, se révèle un excellent belvédère sur la corolle de sommets de la vallée de Soulcem, ainsi que sur le massif de Bassiès... Cette boucle, dans un secteur qu'occulte l'imposant Montcalm, recèle pourtant une grande diversité de paysages.***

**0h00 > Du parking** (1120 m), remonter au S la piste règlementée. Dans sa première épingle commence un sentier balisé en jaune. Il va jouer de nombreuses fois avec la piste, l'empruntant souvent sur quelques mètres. Après l'avoir croisée au point coté 1483 m, devant le talweg d'un torrent, laisser

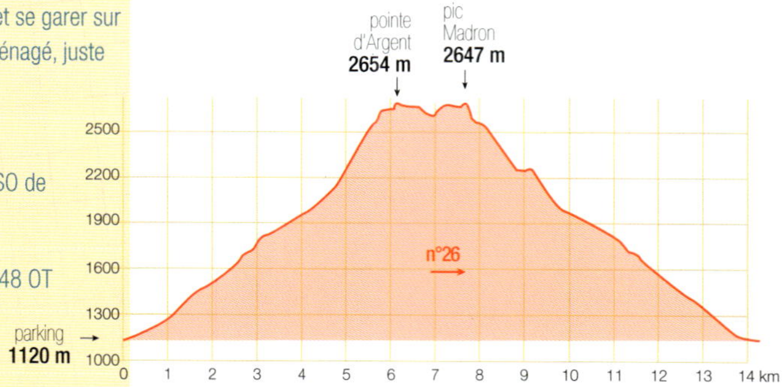

filer en face le bon sentier balisé en jaune pour prendre celui à revers à gauche, plus petit. Jouer encore deux fois avec, avant de…

**1h15 > Quitter définitivement la piste** (1590 m). Le sentier bien marqué s'élève dans la pente et va chercher un épaulement à droite. Il traverse en ascendance jusqu'à rejoindre les…

**1h40 > Orris du Pujol le-Haut** (1780 m). Poursuivre l'ascension de la vallée, non loin du torrent, jusqu'aux…

**2h15 > Orris de Pla Subra** (1948 m). S'élever vers l'E, à gauche d'un thalweg. Plus haut, suivre une sente. Quand elle bascule dans une combe à gauche, la quitter et monter pleine pente, HS dans les pelouses, en se rapprochant progressivement du thalweg précédent, jusqu'à parvenir en…

**4h00 > Crête** (2450 m). La suivre au S, restant sur son versant droit, herbeux puis progressivement recouvert de dalles de schiste. Passer une antécime puis un large col de roches rouges.

**4h35 > Pointe d'Argent** (2654 m). Poursuivre sur la crête qui s'effile. Passer un collet avec un muret circulaire. Parvenir au-dessus de falaises dominant un col (2577 m) sur lequel descendre de quelques mètres par une pente herbeuse à gauche puis en traversant une brèche sur la crête. Celle-ci s'élargit alors pour bientôt atteindre le…

**5h00 > Pic Madron** (2647 m). Poursuivre à toute crête et gravir le sommet anonyme suivant (2671 m), soit par la gauche dans l'herbe, soit par la droite dans les rochers. En redescendre HS par l'éperon NO et gagner un…

**5h20 > Laquet** (2560 m), à contourner par la droite. Continuer la descente sur le large balcon qui s'étire au N, puis dans la même direction jusqu'à atteindre un…

**5h40 > Promontoire** (2230 m) qui surmonte un petit cirque au N. Le traverser vers la gauche en visant le pied de la cascade où l'on retrouve le…

**5h45 > Sentier des tables du Montcalm** (2240 m). Il descend le long des falaises à gauche, dans les rochers puis l'herbe, jusqu'à amorcer une série de lacets et une grande descente herbeuse jusqu'au...

**6h15 > Torrent de la Coume de Subra** (1960 m). Le traverser à gué et retrouver à peine plus bas l'itinéraire de l'aller à suivre jusqu'au…

**7h45 > Parking.**

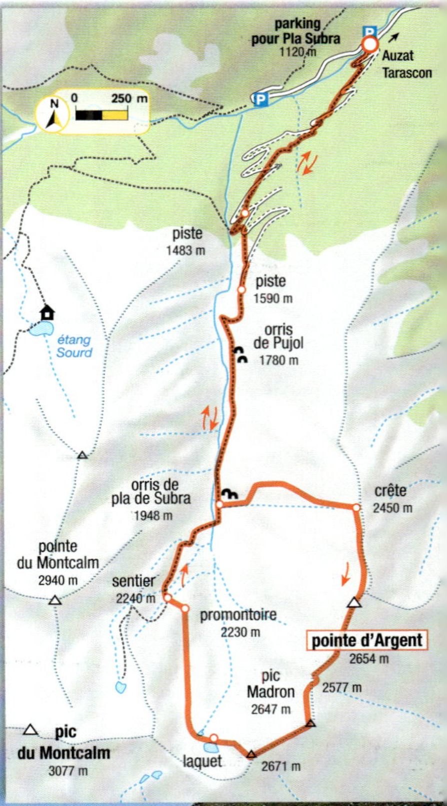

Vallée de Pla Subra

Pica d'Estats.

Orris du Carla

# 27 Pique d'Estats par le Riufret 3143 m

**8h - 13 km - 1700 m+**

**27.** Itinéraire le plus souvent HS demandant des connaissances en orientation et lecture de paysage. Bonne endurance et pied montagnard requis. Crampons et piolet utiles sur les névés pouvant persister longtemps dans la saison.

**Balisage :** Aucun.

**Accès :** Sortie sud de Tarascon > Vicdessos > Auzat > Marc > Mounicou > Soulcem. Se garer au début du parking aménagé au terminus de la piste (avant les sanitaires).

**Départ :** Parking des Orris du Carla, 17 km au S de Vicdessos.

**Carte :** IGN TOP25 2148 OT

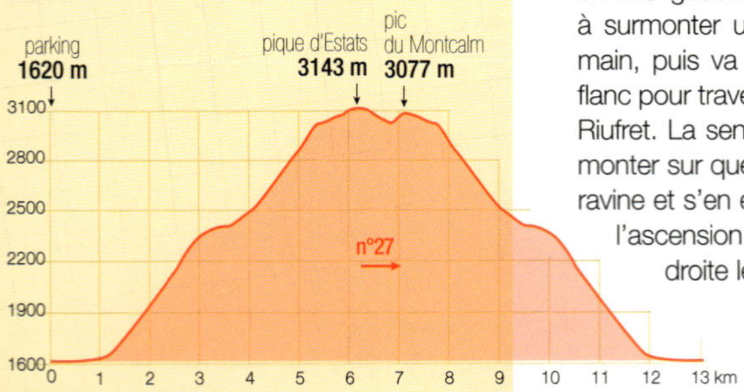


***Le Riufret, c'est La voie montagnarde vers les 3000 de l'Ariège. Sauvage, impressionnante, rude, mais sublimement authentique. Un monde minéral qui cache pourtant quelques joyaux azurés. Pour les plus aventureux, un retour par les tables du Montcalm, comblera votre connaissance du secteur.***

**0h00 > Du parking** (1620 m), emprunter le chemin de la Gardelle, descendant franchir une…

**0h01 > Passerelle** (1617 m). Quitter alors ce sentier pour s'abaisser à droire sur une vague sente qui contourne le lac par la droite, traverse à gué le torrent de la Gardelle, puis le…

**0h20 > Torrent du Riufret** (1600 m). Peu évident à enjamber en période de grandes eaux. La sente s'élève rudement dans l'herbe en rive gauche du torrent. Elle ne tarde pas à surmonter un ressaut où l'on s'aide d'une main, puis va chercher plus à droite dans le flanc pour traverser une ravine se jetant dans le Riufret. La sente s'efface ponctuellement. Remonter sur quelques mètres la rive droite de la ravine et s'en écarter à gauche pour continuer l'ascension dans la large pente qui borde à droite le torrent du Riufret. Traverser un torrent auquel fait suite une zone humide. Le sentier se rapproche de la gorge du Riufret et louvoie entre de petits ressauts, ne quittant pas le fil conducteur de la gorge.

**1h55 > Vers 2250 m,** surmonter une barre par la droite, dans un terrain croulant, et revenir le long de la gorge. Le terrain se couche, une nouvelle barre se présente. Ne plus chercher à monter, et gagner son encoignure gauche, point de jonction avec la…

**2h10 > Gorge du Riufret** (2300 m). Un cairn marque l'amorce d'un sentier qui descend légèrement (15 m) dans la gorge, avant de remonter en suivant une vire étroite et aérienne, toujours rive gauche, dominée par les falaises. Gagner ainsi le…

**2h20 > Déversoir de l'étang de Riufret** (2360 m). Longer le lac par la droite, à fleur d'eau (en cas d'impossibilité, remonter de 70 m dans le vallon qui s'ouvre au N, et traverser vers l'O pour parvenir en haut de la cascade du Riufret). Désormais HS, viser le côté gauche de la cascade au fond du replat et la surmonter. Des cairns vous invitent à traverser rive gauche et à s'élever par des banquettes herbeuses en contre-haut de l'étroit vallon jusqu'à la…

**3h05 > Jonction des vallons d'Estats et Montcalm** (2656 m). S'engager dans celui de droite (NO). Sur le haut, si la neige ne l'occupe pas, il est en pierraille croulante. Prendre pied sur le…

**4h00 > Col de Riufret** (2978 m). Emprunter le sentier qui file au S, traverse le cirque, vient en contre-haut du vallon d'Estats et engage la remontée vers le col, séparant Estats et Verdaguer. Ne pas hésiter à gravir ce 3000, à droite, avant de grimper sur la crête au S qui mène à la…

**4h30 > Pique d'Estats** (3143 m). Vue à 360° depuis le point culminant de l'Ariège. Revenir par le même itinéraire au col du Riufret et gravir le ressaut au N dont le sentier mène sans difficulté au…

**5h00 > Pic du Montcalm** (3077 m). Mais mesuré à 3075,75 m avec le matériel de géomètre dernier cri en 2015. Revenir par le même itinéraire au…

**8h00 > Parking.**

**NB :** *Possibilité, avec une navette de voiture au parking de l'Artigue ou de Pla Subra, de rentrer par les tables du Montcalm, pour une magnifique traversée sauvage. Cf. rando précédente Estats-Montcalm.*

Vers le col de Riufret.

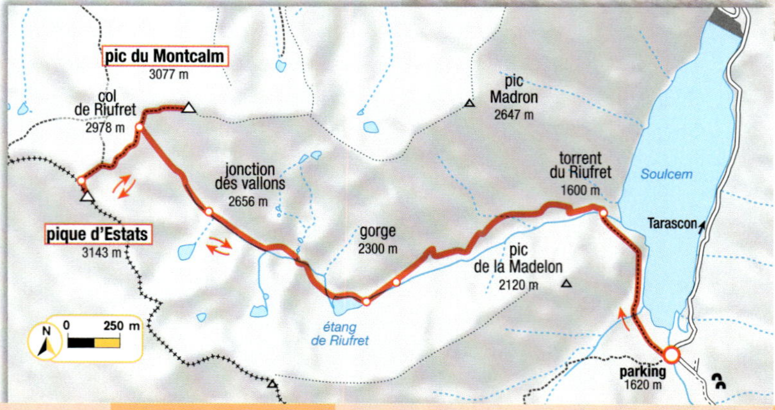

Etang de la Gardelle.

Orris du Carla

# 28 Étangs de la Gardelle 2476 m
# 29 Pic sud de Canalbonne 2849 m

**28** 4h45 - 11 km - 950 m+

**29** 6h30 - 14 km - 1400 m+

**28.** Randonnée sur sentier et sente balisés, à l'orientation évidente par bonne visibilité.
**29.** Randonnée HS, à l'orientation évidente par bonne visibilité. Court passage aérien mais sans difficulté pour atteindre le sommet. Possibilité de névés raides jusqu'en juillet.

**Balisage :** Jaune les deux premiers tiers puis blanc et rouge. Hors balisage sauf début, pour le pic.

**Accès :** Sortie sud de Tarascon > Vicdessos > Auzat > Marc > Mounicou > Barrage de Soulcem > Faire le demi tour au parking des orris du Carla, terminus de la route goudronnée et autorisée et revenir de 200 m en arrière se garer en bord de route au niveau d'une passerelle.

**Départ :** Parking des Orris du Carla, à 17 km au S de Vicdessos.

**Carte :** IGN TOP25 2148 OT

***La haute vallée de Soulcem, au cœur des plus hauts sommets ariégeois, n'offre que des pics et des gorges rudes. Les étangs de la Gardelle constituent certainement la plus belle boucle abordable de la vallée. À une montée raide, un brin austère, mais efficace, succèdent des petits plateaux où s'épanouissent de beaux et vastes lacs d'altitude. Le pic de Canalbonne complètera agréablement la journée des randonneurs plus exigeants.***

## 28 : Étangs de la Gardelle

**0h00 > Du parking** (1620 m), emprunter la passerelle et bien suivre le balisage jaune qui monte sur la gauche, à côté d'un gros bloc. Le sentier grimpe assez raide, traverse par quelques pierres le torrent de la Gardelle (1788 m) pour le suivre, rive gauche. Franchir un…

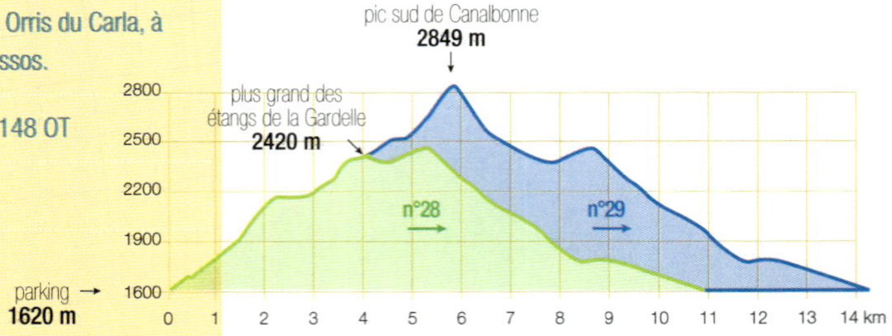

**0h55 > Ressaut rocheux** (2000 m), en son centre, par un couloir herbeux, puis venir surplomber le torrent. Rejoindre par une traversée au-dessus de la gorge (prudence), un plat herbeux humide. Le longer par la droite et trouver, à son extrémité, les orris de la Gardelle (un ouvert). Monter plus tranquillement le long du ruisseau vers un…

**1h35 > Deuxième plat** (2269 m), au pied d'une impressionnante barrière rocheuse. Bifurquer alors à gauche (S) pour traverser, sous un gros bloc rocheux, les deux bras du ruisseau. Grimper facilement, en petits lacets, un dernier ressaut et atteindre un…

**1h55 > Premier étang** (2375 m). Emprunter alors le sentier qui monte à droite, passe à un petit lac, puis franchit un plat humide pour découvrir bientôt le...

**2h10 > Plus grand des étangs de la Gardelle** (2420 m), d'un bleu océan, encerclé de murailles et de pentes raides. Grimper de quelques mètres sur la butte de droite afin de ne l'admirer que mieux. Revenir ensuite au premier étang. Le contourner par le N et grimper au petit collet 2405 m pour découvrir un…

**2h25 > Quatrième étang** (2387 m). Du collet, soit sans perdre d'altitude, par une vire cairnée à droite, soit en descendant au lac (balisage jaune), contourner l'étang par la droite et rejoindre un vallon qui s'élève au SE vers un...

**2h40 > Petit col** (2476 m). Descendre sur la gauche pour désescalader un petit pas rocheux puis, par des pelouses pas trop raides, avec en point de mire le petit étang de Roumazet, rejoindre le fond du vallon. Traverser le ruisseau et trouver le …

**3h20 > Bon sentier du GRT 62** (2125 m), balisé en blanc et rouge. Le suivre à gauche, à proximité du torrent, puis plonger par quelques lacets vers le fond de la...

**3h55 > Vallée de Soulcem** (1820 m). Poursuivre paisiblement, rive gauche. Ignorer une 1re passerelle à droite pour descendre à une 2e passerelle. L'emprunter et couper un lacet de la piste avant de la suivre jusqu'au…

**4h45 > Parking.**

## 29 : Pic sud de Canalbonne

**2h10 > Du grand étang de la Gardelle** (2420 m), suivre le petit sentier balisé de ronds jaunes qui monte sur la croupe de droite. Venir dominer le…

**2h25 > Petit étang de Canalbonne** (2503 m) et le contourner par la gauche. Remonter en écharpe le flanc droit (S) du vallon par une sente cairnée évitant les éboulis. Sous le port de Canalbonne, la sente remonte vers le N un vallon, pour aboutir au petit col 2741 m. Elle s'élève alors vers le NO, sous la crête. Une petite vire conduit dans les dalles du versant espagnol afin de gagner le…

**3h15 > Pic sud de Canalbonne** (2849 m). Panorama d'ampleur. Revenir par le même itinéraire au…

**3h55 > Grand étang de la Gardelle** et poursuivre par la boucle décrite ci-dessus vers le 4e étang, puis jusqu'au…

**6h30 > Parking.**

La Soucarrane en ligne de mire.

Orris du Carla

# 30 Étang de la Soucarrane 2292 m
# 31 Pic de la Soucarrane 2902 m
# 32 Pointe de Roumazet 2842 m

**30** 4h15 - 11 km - 700 m+ | **31** 6h40 - 14 km - 1300 m+ | **32** 8h15 - 14 km - 1550 m+

**30.** Itinéraire sur sentier balisé sans difficulté.
**31.** Itinéraire sur sentier balisé ponctuellement croulant.
**32.** HS jusqu'aux étangs de la Gardelle (piolet utile en début de saison).

**Balisage :** Jaune ou blanc et rouge pour l'étang et le pic. Hors balisage pour la pointe de Roumazet.

**Accès :** Sortie sud de Tarascon > Vicdessos > Auzat > Marc > Mounicou > Soulcem > Se garer au terminus de la route. Parking avec sanitaires.

**Départ :** Parking des Orris du Carla, 17 km au S de Vicdessos.

**Carte :** IGN TOP25 2148 OT

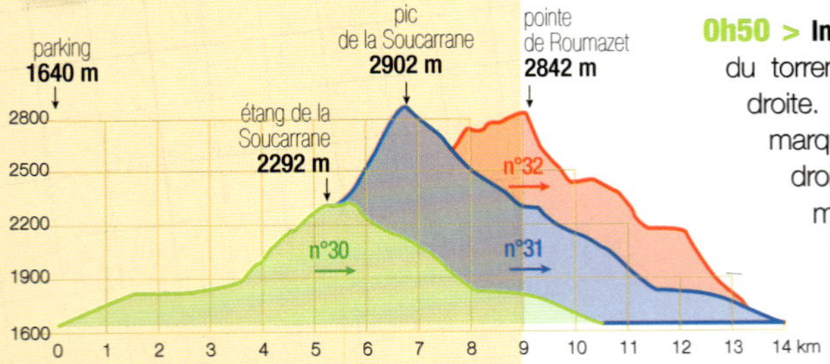


***Le pic de la Soucarrane, ou de la Rouge, s'élève au-dessus d'une multitude d'étangs qui s'égaillent dans la vallée de Soulcem. Autant de miroirs qui offrent des rives herbeuses généreuses le temps d'un après-midi ou d'une nuit sous les étoiles. Pour les plus montagnards, le retour en boucle par la pointe de Roumazet procurera des vues exceptionnelles sur les étangs de la Gardelle, avant de venir côtoyer leurs berges.***

### 30 : Étang de la Soucarrane

**0h00 > Du parking** (1640 m), remonter la piste jusqu'à la première épingle. Couper un lacet de celle-ci par le GR T62, puis la quitter définitivement pour emprunter une passerelle, à droite. Longer le torrent et s'élever plus rudement pour franchir le verrou de la cascade de Labinas. Au-dessus, se rapprocher d'une…

**0h35 > Passerelle** (1805 m) sans l'utiliser. Continuer sur le GRT62 qui remonte la rive gauche jusqu'à une…

**0h50 > Intersection** (1820 m), au niveau du torrent de Roumazet, dévalant de droite. Ne pas suivre le sentier bien marqué qui grimpe dans le flanc droit, mais descendre de quelques mètres et en trouver un plus étroit, continuant dans la vallée. Au détour d'un chaos de blocs, et au niveau de la cabane sur la rive opposée, arriver à une…

**1h05 > Nouvelle intersection** (1853 m), avec des panneaux directionnels. Quitter le bon sentier de la vallée et prendre une vague sente cairnée (O) qui s'élève droit dans la pente (ponctuellement sans balisage), puis se couche en appuyant à droite, jusqu'à rencontrer une…

**1h10 > Bifurcation** (1880 m). Continuer amont, à revers. Le sentier franchit un ressaut par la droite puis traverse pour aller rejoindre le vallon du torrent de la Soucarrane. Il le remonte rive gauche jusqu'au déversoir de l'…

**2h15 > Étang de la Soucarrane** (2292 m). Superbes emplacements de bivouac. Le longer par la droite puis trouver le GR T62 qui monte au N franchir un collet (2320 m). Il plonge ensuite sur l'…

**2h45 > Étang de Roumazet** (2163 m), qu'il contourne par la droite. Ignorant rapidement deux départs peu visibles à gauche (bal. jaunes), le sentier descend tranquillement le vallon. Quand celui-ci plonge, s'écarter du torrent qui cascade, pour partir plus à droite dévaler rapidement dans le ressaut. Après avoir franchi une « porte » dans la falaise, il s'abaisse jusqu'à l'…

**3h25 > Intersection** (1820 m) au niveau du torrent de Roumazet. Retour par l'itinéraire de l'aller au…

**4h15 > Parking.**

## 31 : Pic de la Soucarrane

**2h15 > De l'étang de la Soucarrane** (2292 m). Longer le lac par la gauche jusqu'à atteindre le GR T62. Il s'élève à gauche dans le vallon, passe à proximité de la cabane pastorale, ignore le balisage jaune arrivant à gauche de l'étang de Médécourbe, pour atteindre, juste après, le…

**2h50 > Port de Bouet** (2509 m). Remarquer la croix frontière gravée sur un rocher versant NO du promontoire. Emprunter au N la sente qui mène sur le fil. Elle devient ensuite mieux marquée, évite par la gauche un épaulement, puis monte plus rudement dans un terrain plus instable. Franchir un sommet sur la crête, avec une redescente sensiblement aérienne sur un collet. Le versant droit est raide. Un ressaut se négocie légèrement par la droite (sans se laisser attirer par une sente dans le versant gauche). Le terrain devient plus minéral. Plus haut, traverser une zone de roches colorées délitées et conserver le fil jusqu'au…

**4h00 > Pic de la Soucarrane** (2902 m). Vue plongeante sur l'étang, les 3000, le vall Ferrera. Poursuivre sur le fil au N, sur 50 m, et basculer dans le flanc gauche, sur une sente

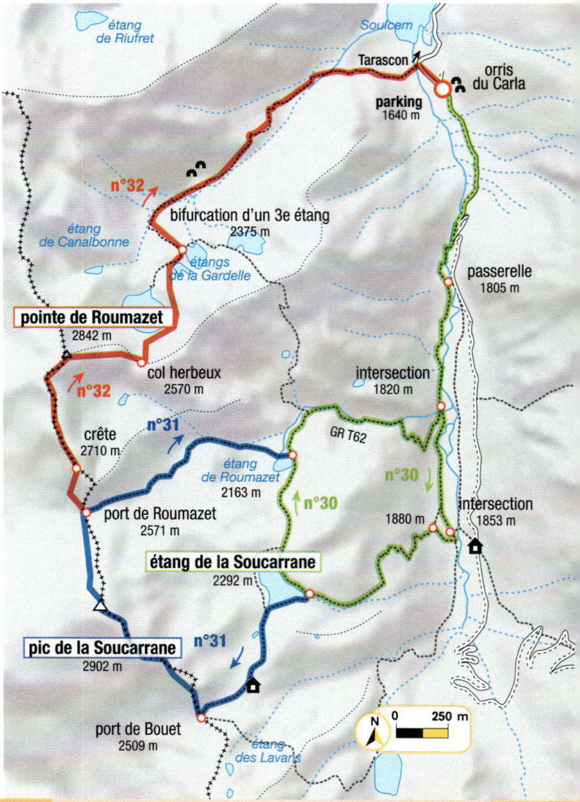

balisée, pour passer au pied d'une barre. La sente continue en courbe de niveau puis plonge sur le…

**4h30 > Port de Roumazet** (2571 m). Basculer à l'E, dans le thalweg minéral. Une fois dans la cuvette, suivre le cheminement qui longe le pierrier sur la gauche du vallon. Retrouver plus bas, sur un replat, les prairies au niveau du torrent de Riou Blanc (2280 m). Dévaler, rive droite du torrent et, juste au N de l'étang de Roumazet, parvenir sur le…

**5h15 > GR T62** (2158 m). Ignorant rapidement un départ peu visible à gauche (bal. jaune), le sentier descend tranquillement le vallon. Quand celui-ci plonge, s'écarter du torrent qui cascade, pour partir plus à droite dévaler rapidement dans le ressaut. Après avoir franchi une « porte » dans la falaise, il s'abaisse jusqu'à l'…

**5h50 > Intersection** (1820 m) au niveau du torrent de Roumazet. Retour par l'itinéraire de l'aller au…

**6h40 > Parking** (1640 m).

Étang de la Soucarrane.

## 32 : Pointe de Roumazet

**4h30 > Du port de Roumazet** (2571 m). Traverser HS vers la droite (NO) en ignorant le vallon qui s'ouvre à droite. Franchir un court ressaut en face et prendre pied sur une grande pente herbeuse à grimper HS au NE jusqu'à la…

**5h00 > Crête** (2710 m). L'à-pic est vertigineux à l'E. Un cheminement se hisse, louvoyant de banquette en ressaut rocheux pour atteindre en quelques mètres un collet. Dès lors, suivre une sente qui longe le fil en évitant des difficultés par la gauche. Un dernier ressaut nous fait prendre pied sur le plateau de Riou Blanc menant au N à la…

**5h40 > Pointe de Roumazet** (2842 m). Vue imprenable sur les étangs de la Gardelle, mais également le pic de Sotllo ou la pique d'Estats. Descendre prudemment par l'éperon E (cairns), sans s'éloigner du fil dans sa partie initiale, raide. Plus bas, la sente effectue deux crochets à gauche pour se jouer du relief, avant de parvenir dans un…

**6h15 > Col herbeux** (2570 m). Persévérer versant N, sur la sente dans l'herbe qui ne tarde pas à venir se perdre dans le pierrier du thalweg. Dévaler celui-ci à gauche, franchir un rétrécissement et, contourner le lac par la droite, 30 m en amont de sa rive. Progresser au N pour franchir un épaulement, en appuyant à droite si des ressauts en interdisent la descente. Le deuxième étang ne tarde pas à apparaître. Descendre au N à la…

**6h55 > Bifurcation d'un troisième étang** (2375 m). S'abaisser sur le sentier qui file dans le thalweg à gauche. Gagner un replat, perdre de l'altitude rive gauche du torrent et passer devant les orris de la Gardelle (un ouvert), dans un nouveau plat humide (2163 m). S'éloigner ensuite de la gorge pour plonger rapidement dans un couloir herbeux. Longer à nouveau les eaux et traverser à gué plus bas (1788 m). Descendre jusqu'à une passerelle et au…

**8h15 > Parking.**

Sur la crête menant au pic de Médécourbe.

Orris du Carla

# 33 Pic de Médécourbe *2913 m*

**8h15 - 16 km - 1400 m+**

**33.** Itinéraire le plus souvent HS, en partie cairné, se déroulant sur un terrain de haute montagne parfois aérien, avec des pentes très raides, demandant un pied sûr ou de poser les mains et une bonne condition physique. Connaissances en orientation requises. La neige favorise l'ascension et la descente dans les combes remplies d'éboulis. Crampons et piolet utiles en début d'été.

**Balisage :** En partie jaune ou blanc et rouge. Hors balisage pour le pic.

**Accès :** Sortie sud de Tarascon > Vicdessos > Auzat > Marc > Mounicou > Soulcem > Se garer au terminus de la route (parking aménagé avec sanitaires), aux orris du Carla.

**Départ :** Parking des Orris du Carla, 17 km au S de Vicdessos.

**Carte :** IGN TOP25 2148 OT

***Le pic de Médécourbe est la cime s'élevant au point de concours des trois nations, France, Andorre et Espagne. En effectuer l'ascension en traversée, par un itinéraire s'extirpant des vallons pour cheminer sur les crêtes, en révèle toute la dimension. Une course de haute montagne exigeante, mais ô combien mémorable.***

**0h00 > Du parking** (1640 m), remonter la piste en coupant sa première épingle par un sentier, puis franchir le verrou de la cascade de Labinas. Au-dessus, laisser à droite une passerelle et poursuivre longuement sur la piste, au-delà d'une…

**1h15 > Cabane pastorale** (1853 m). Juste avant de franchir le torrent des Bareytes, par un pont bétonné (1896 m), s'engager à gauche sur une sente cairnée. Elle s'élève dans la pente au S, rive droite du torrent, et croise, en diagonale vers la droite, la…

**1h40 > Piste** (2005 m) pour retrouver les cairns. Contourner par la gauche un ressaut rocheux et parvenir sur un replat. Rester dans le fond du thalweg sur une sente qui s'efface. Au pied de la cascade, passer rive gauche pour la surmonter par un sentier bien tracé. Poursuivre l'ascension et rallier

HS dans un terrain minéral la base de l'éperon séparant deux couloirs. Remonter celui de droite, sur un terrain croulant pénible, pour atteindre le collet puis le…

**3h30 > Pic de Racofret** (2836 m), frontalier. Suivre la crête à l'O, en posant les mains à l'approche du pic suivant (2871 m). Elle devient plus aérienne mais sans difficulté, demande encore de poser les mains lorsqu'elle se redresse. Plus loin, anticipant une difficulté, les cairns invitent à prendre le flanc à gauche où l'on retrouve la voie normale cairnée (terrain délité, méfiance). Monter au piquet sommital du…

**4h40 > Pic de Médécourbe** (2913 m). Vue imprenable sur la vallée de Soulcem. Poursuivre sur la longue crête effilée à l'O. À l'approche de l'antécime O, descendre un ressaut de 2 m par la gauche, poursuivre vers un cairn dans le flanc gauche et traverser jusqu'à une…

**5h00 > Brèche** (2895 m). Dévaler l'étroit et raide couloir sur sa partie gauche, plus saine, passer à droite de l'aiguille et, sur le bas, appuyer à gauche pour gagner le…

**5h15 > Port de Médécourbe** (2752 m). Passer à gauche du piton et dévaler au N, dans une pente raide d'éboulis, jusqu'au pierrier. Descendre le thalweg, d'abord à droite, puis à gauche. S'abaisser dans une dernière pente jusqu'au torrent d'alimentation de l'…

**6h10 > Étang de Médécourbe** (2199 m). Le contourner par la gauche sur une sente cairnée. Retrouver alors un balisage jaune. Il descend rencontrer une intersec-

Étang de Médécourbe.

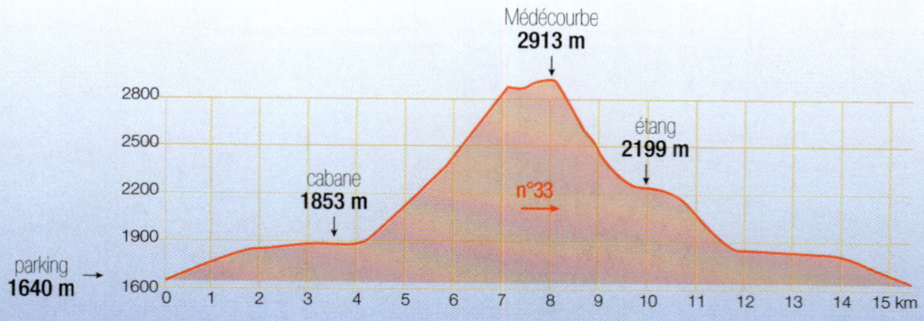


tion au niveau du torrent de Médécourbe, puis traverse un replat vers le N. Longer ensuite des falaises et plonger à l'E vers le...

**7h10 > Fond de la vallée** (1870 m) et les orris de la Crouts. Redescendre toute la vallée sur le sentier se maintenant sur le bord gauche, ignorant des départs qui s'en éloignent. Avant la cascade, franchir la passerelle pour retrouver la piste de l'aller jusqu'au...

**8h15 > Parking.**

**Plus long : Tour rocheuse 2896,** *pour les assoiffés de cimes peu ordinaires !*

*Du port de Médécourbe remonter la pente au NO jusqu'à basculer sur le versant O. Emprunter une diagonale ascendante évidente menant en crête. La suivre à revers à droite jusqu'au sommet, excellent belvédère (+0h40).*

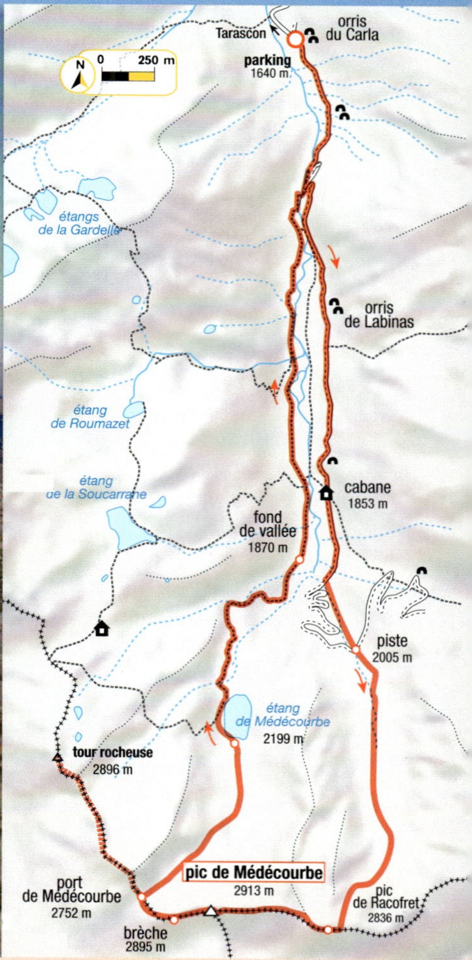

3e et 4e étangs du Picot

Soulcem

# 34 Étangs du Picot *2416 m*
# 35 Le Picot *2707 m*

**34** 5h - 10 km - 900 m+

**35** 6h15 - 11 km - 1200 m+

**34.** Itinéraire sur sentier balisé. Montée raide et soutenue, glissante par temps humide.
**35.** Itinéraire HS dans des pentes herbeuses raides demandant un peu de sens de l'orientation, une bonne visibilité et un temps sec.

**Balisage :** Blanc et rouge du GR T64 pour les lacs. Hors balisage pour le pic.

**Accès :** Sortie sud de Tarascon > Vicdessos > Auzat > Marc > Mounicou > Barrage de Soulcem > Se garer 200 m avant le barrage, au départ d'un chemin bétonné.

**Départ :** Barrage de Soulcem, 14 km au S de Vicdessos.

**Carte :** IGN TOP25 2148 OT

*Un escalier de géant mène, à la force des mollets, aux étangs du Picot. Ce vallon perché est sauvage, magnifique, austère, sincère ! Plus haut, et plus ardu, le Picot est une élégante pointe au nom bien trop modeste. Seuls quelques pêcheurs et connaisseurs s'aventurent en ces contrées paisibles, dispensant de magnifiques panoramas sur le versant sud de Bassiès. Faites que cela perdure !*

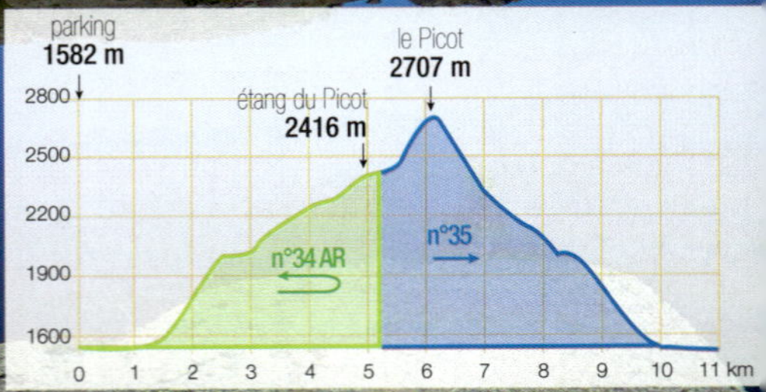

## 34 : Étangs du Picot

**0h00 > Du parking** (1582 m), emprunter le chemin bétonné privé et, dans l'épingle, poursuivre tout droit sur un large sentier horizontal. Peu avant le torrent, commencer à grimper à droite, sans chichi (orri). Profiter du faux-plat des…

**1h00 > Orris du Picot** (1911 m), avant de repartir à la dure. Franchir bientôt, aisément, par une miraculeuse vire, un mur rocheux, pour atteindre, rapidement, le…

**1h20 > 1er étang** (2040 m). Le contourner par la droite, passer un plat avec une belle cascade et éviter le grand ressaut rocheux par une boucle à l'O, dans quelques éboulis faciles. Gagner ainsi le...

**1h45 > 2e étang** (2163 m). Le scénario se répète à l'identique pour s'offrir le…

**2h10 > 3e étang** (2286 m), le plus vaste. Franchir son déversoir et contourner le lac par le N, en ignorant une bifurcation à gauche balisée en jaune (2297 m). Grimper dans les éboulis rouges puis les pelouses du flanc O pour découvrir le…

**2h40 > 4e et dernier étang du Picot** (2416 m). Redescendre par le même itinéraire, mettant à rude épreuve les cuissots, au…

**5h00 > Parking.**

## 35 : Le Picot

**2h40 > Du 4e étang** (2416 m), passer un pierrier de gros blocs et grimper en écharpe les raides pelouses vers le NNO (prudence), en passant toujours sous les rochers. Vers 2525 m, traverser une petite bande d'éboulis et la longer par la gauche, pleine pente, dans un terrain un peu moins raide, jusqu'à...

**3h15 > La crête** (2620 m). La suivre vers le S, sur une petite sente cairnée, dans un terrain pas trop raide, pour aboutir au…

**3h30 > Picot** (2707 m). Admirez ! Revenir à « la crête » et la suivre vers le N, par une sente cairnée, d'abord un peu en contrebas flanc O puis flanc E, jusqu'à un premier puis un…

**4h00 > Deuxième collet** (2468 m). Plonger alors, dans les pelouses du versant O, en contournant par la droite les éboulis, croiser un sentier balisé en jaune (2250 m) et rejoindre facilement le…

**4h40 > 2e étang** (2163 m). Passer son déversoir pour retrouver le sentier de l'aller, puis le…

**6h15 > Parking.**

4e étang et massif de Bassiès.

Étang des Clots de Caraussans.

Orris du Carla

# 36 Pic de Malcaras par les orris du Carla 2865 m
# 37 Pic de l'Étang Fourcat 2859 m

**36** 5h15 - 7 km - 1250 m+

**37** 6h50 - 10 km - 1400 m+

**36.** Itinéraire le plus souvent sur un sentier, et cairné. À réaliser par temps clair.
**37.** L'arête du pic de l'Étang Fourcat demande de poser une main pour s'équilibrer sur un terrain minéral aérien. Temps sec impératif. Court passage HS sur pierrier soutenu. Itinéraire demandant un peu de lecture de paysage.

**Balisage :** Partiellement balisé en jaune ou blanc et rouge.

**Accès :** Sortie sud de Tarascon > Vicdessos > Auzat > Marc > Mounicou > Soulcem > Se garer au terminus de la route. Parking avec sanitaires.

**Départ :** Parking des Orris du Carla, 17 km au S de Vicdessos.

**Carte :** IGN TOP25 2148 OT

**Cabane** de Caraussans.

***Par-delà les hauts pâturages de la vallée de Soulcem s'élèvent les pics de Malcaras et de l'Étang Fourcat. Loin de l'affluence du fond de vallée, ils dominent des étendues lacustres, dont en particulier le chapelet d'agates des étangs de Caraussans. L'élevage actif et les cabanes de bergers singulières complètent admirablement le paysage.***

## 36 : Pic de Malcaras

**0h00 > Du parking** (1640 m), remonter la piste sur 200 m et remarquer à gauche un cairn précédant le petit parapet en béton d'une buse. Emprunter cette vague sente cairnée qui rejoint le creux d'un ancien torrent, qu'elle longe un court instant. Vers 1700 m, elle vire à gauche pour aller passer au pied d'une grande dalle qui affleure. Elle poursuit la traversée (N) dans le flanc en continuelle ascendance et prend pied sur une…

**0h40 > Croupe** (1900 m). Le sentier, mieux marqué, s'élève en lacets soutenus sur celle-ci jusque devant un ressaut (2000 m). Il bascule à gauche et rejoint le replat de la très belle…

**1h05 > Cabane de Pause Plane** (2050 m), fermée, et ses orris. Harmonieuse composition de pierre sèche, bois et toiture végétalisée. Deux vallons s'ouvrent à l'E. Remonter vers celui de gauche, longer HS le torrent dans la pente qui se redresse et passer l'étranglement du verrou. Retrouver alors une vague sente cairnée, rive droite du torrent qui, plus haut, laisse place à un pierrier malcommode et redressé. La pente finit par se coucher, passe un laquet, et atteint un…

**2h50 > Large col** (2738 m). Poursuivre sur la croupe débonnaire au nord qui mène au…

**3h10 > Pic de Malcaras** (2865 m). Outre l'étang Fourcat, en contre-bas, le regard porte sur nombre de sommets des confins de l'Ariège jusqu'au Canigou. À l'opposé, les massifs de l'Estats et de Bassiès sont resplendissants. Retour par le même itinéraire au…

**3h25 > Large col** (2738 m). Puis au…

**5h15 > Parking.**

## 37 : Pic de l'étang Fourcat

**3h25 > Du large col** (2738 m). Remonter la crête au SO, d'abord débonnaire, puis minérale et aérienne jusqu'au…

**4h00 > Pic de l'Étang Fourcat** (2859 m). Découvrir le bassin lacustre de Caraussans. Descendre par la crête à l'E jusqu'à un ressaut, qui s'évite par la droite, et rejoindre un…

**4h10 > Col** (2790 m). Ignorer le balisage jaune qui bascule dans le versant N en direction du refuge de l'Étang Fourcat. Éviter l'éminence suivante par la droite (sente) et poursuivre sur la crête qui se développe au S, sur la rocaille puis sur l'herbe. Apparait à gauche un lac. Lorsque la crête n'est plus praticable, basculer à droite dans le pierrier et plonger HS jusqu'à l'…

**4h45 > Étang de Tristagne** (2600 m). Le contourner par la gauche, puis appuyer à droite pour descendre tout ce secteur lacustre en se laissant porter par la ligne d'écoulement des eaux, puis dans le vallon tapissé de méandres. Juste sous le dernier lac, découvrir la…

**5h15 > Cabane de Caraussans** (2420 m). Une maxi tente canadienne ! Prenez le temps de remonter le sentier vers l'E pour admirer l'…

**5h20 > Étang de Caraussans** (2430 m), le plus grand. Du déversoir, longer la rive

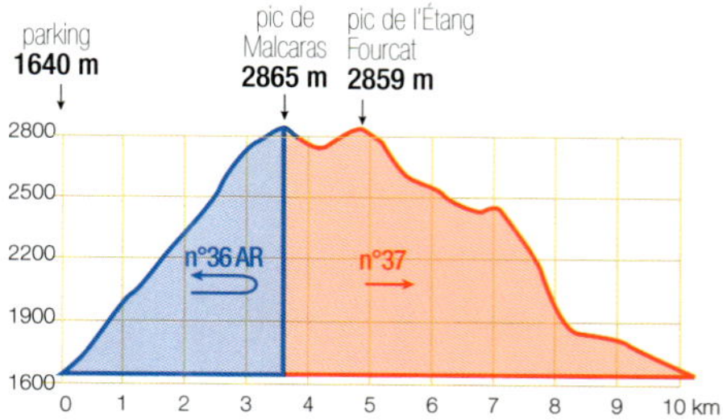


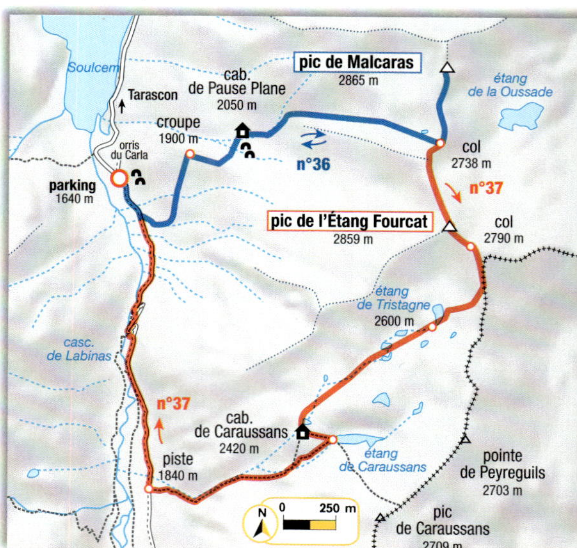

droite du torrent et retrouver rapidement le sentier balisé. Vers 2350 m, il le traverse et bascule dans un petit vallon à gauche pour le retrouver plus bas. Franchir l'étroiture du verrou du vallon de Caraussans et s'abaisser rapidement en une succession de virages serrés, jusqu'à rejoindre la…

**6h20 > Piste** (1840 m). La suivre à droite, ignorer plus loin à gauche la passerelle de Labinas. Juste après la cascade, faire une première épingle puis couper la suivante par le GR T62. Emprunter la piste jusqu'au…

**6h50 > Parking.**

Cascatelle du bas du vallon de Caraussans

Lever de soleil au pic de Tristagne.

Pradières

# 38 Refuge de l'Étang Fourcat 2445 m
# 39 Pic de Malcaras 2865 m 1 ou 2 jours
# 40 Pic de Tristagne 2878 m 1 ou 2 jours

**38** 6h50 - 17 km - 1250 m+ | **39** 9h - 21 km - 1700 m+ | **40** 9h40 - 22 km - 1750 m+

**38.** Itinéraire sur sentier balisé, sans difficulté.
**39.** Pente herbeuse HS raide sous le col. Pas de difficulté par ailleurs.
**40.** Couloir raide d'éboulis croulants ou névé exigeant crampons et piolet en début d'été. Crête par endroits aérienne demandant de poser une main.

**Balisage :** Blanc et rouge de la centrale au refuge. Jaune de l'intersection sous le refuge aux pics de Malcaras et de Tristagne.

**Accès :** Tarascon > Vicdessos > Auzat > Artiès. Parking aménagé à droite, juste avant le terminus de la route, à la centrale électrique de Pradières.

**Départ :** Parking de Pradières, 8 km au S de Vicdessos.

**Carte :** IGN TOP25 2148 OT

**Refuge gardé** de l'Étang Fourcat et refuge non gardé d'Izourt.

***La couronne du cirque de l'étang Fourcat est composée du pic homonyme, du pic de Malcaras et de celui de Tristagne. Autant de cimes élancées, et de destinations possibles, qui contrastent avec les nombreuses étendues azurées des lacs de la vallée ou les prairies verdoyantes qui les bordent. Le refuge, idéalement placé permet de séjourner plus longuement, à la découverte de tous ces trésors.***

## 38 : Refuge de l'Étang Fourcat

**0h00 > Du bout du parking** (1140 m), suivre la piste herbeuse au S qui va traverser un pont en béton. Elle s'élève, longeant à gauche un grand bâtiment. Puis elle entre dans le bois, avant de franchir une passerelle métallique débouchant sur une…

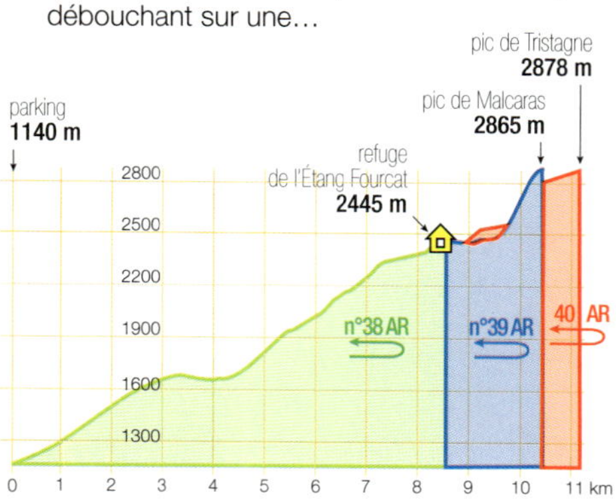

**0h10 > Piste** (1201 m), en amont de la centrale. Remonter la piste sur quelques mètres et bifurquer à droite sur le sentier du GR10. Il grimpe doucement, d'abord sous le couvert des arbres puis dans la lande jusqu'à atteindre le…

**1h25 > Refuge et les bâtiments du barrage d'Izourt** (1680 m). Poursuivre en face, passer la stèle, traverser une terrasse artificielle et se maintenir sur le GR10A qui longe le lac. Après avoir franchi un torrent à gué, puis un ruisselet à l'…

**1h50 > Extrémité du lac d'Izourt** (1655 m), le sentier s'élève rudement dans la pente en de nombreux lacets au creux d'un étroit vallon pour se hisser sur le…

**2h35 > Replat de l'Orri de la Caudière** (1931 m). Ignorer la branche du GR10A filant à gauche, passer devant l'orri et emprunter la passerelle. Le sentier gagne de l'altitude et franchit deux ressauts. Prendre alors pied sur le…

**3h35 > Plat du petit Étang Fourcat** (2339 m). Longer par la droite son « émissaire », puis l'étang. Le sentier s'élève progressivement, ignorant une première bifurcation, à revers à droite, vers les « Picot », puis une deuxième, en face, vers les « pics » (2431 m). Gravir le dernier ressaut en dalle sur lequel est posé le…

**4h00 > Refuge de l'Étang Fourcat** (2445 m). Retour par le même itinéraire au…

**6h50 > Parking.**

## 39 : Pic de Malcaras

**4h00 > Du Refuge de l'Étang Fourcat** (2445 m), descendre au SO sur le GR10A par une série de dalles jusqu'à l'…

**4h02 > Intersection** (2431 m). Y quitter le GR10A pour prendre à gauche (S) la direction des « pics ». Le sentier vient longer la rive du lac et rapidement se scinde en deux. Laisser celui de gauche, vers « Tristagne »,

Refuge de l'Étang Fourcat.

pour emprunter celui qui s'élève lentement vers « Malcaras/Fourcat ». Parvenir au…

**4h20 > Déversoir de l'étang de la Oussade** (2490 m). Gagner un replat au S du lac. La sente s'efface dans le terrain devenant minéral. Ignorer un balisage jaune se dirigeant au S, vers le col du pic de l'Étang Fourcat, pour en suivre un autre à l'OSO. Il se dirige vers une croupe herbeuse dévalant d'un étroit col, point de faiblesse des falaises. Remonter cette zone herbeuse raide sur sa gauche et prendre pied sur le…

**5h00 > Col** (2738 m). Poursuivre sur la croupe au N qui mène au…

**5h20 > Pic de Malcaras** (2865 m). Possibilité de rentrer au refuge, pour les montagnards, en boucle par le pic de l'Étang Fourcat. Sinon, retour par le même itinéraire au…

**6h10 > Refuge** (2445 m), puis au…

**9h00 > Parking.**

## 40 : Pic de Tristagne

**4h00 > Du Refuge de l'Étang Fourcat** (2445 m), descendre au SO sur le GR10A par une série de dalles jusqu'à l'…

**4h02 > Intersection** (2431 m). Y quitter le GR10A pour prendre à gauche (S) la direction des « pics ». Le sentier vient longer la rive du lac et rapidement se scinde en deux. Prendre celui de gauche, vers « Tristagne », qui descend le long du lac. Traverser le torrent de la Oussade, puis un autre…

**4h25 > Torrent** (2440 m), à l'extrémité S du lac. Remonter ensuite le couloir évident au SE, où l'herbe laisse rapidement place à une pierraille croulante (ou un névé) dont la pente s'accentue au fur et à mesure que l'on s'élève vers le…

**5h05 > Col** (2682 m). Obliquer à gauche et suivre le fil de la crête, utilisant parfois une main, jusqu'au…

**5h40 > Pic de Tristagne** (2878 m). Vue immense : Valier, Montcalm-Estats, Maladeta… Retour par le même itinéraire au…

**6h50 > Refuge** (2445 m), puis au…

**9h40 > Parking.**

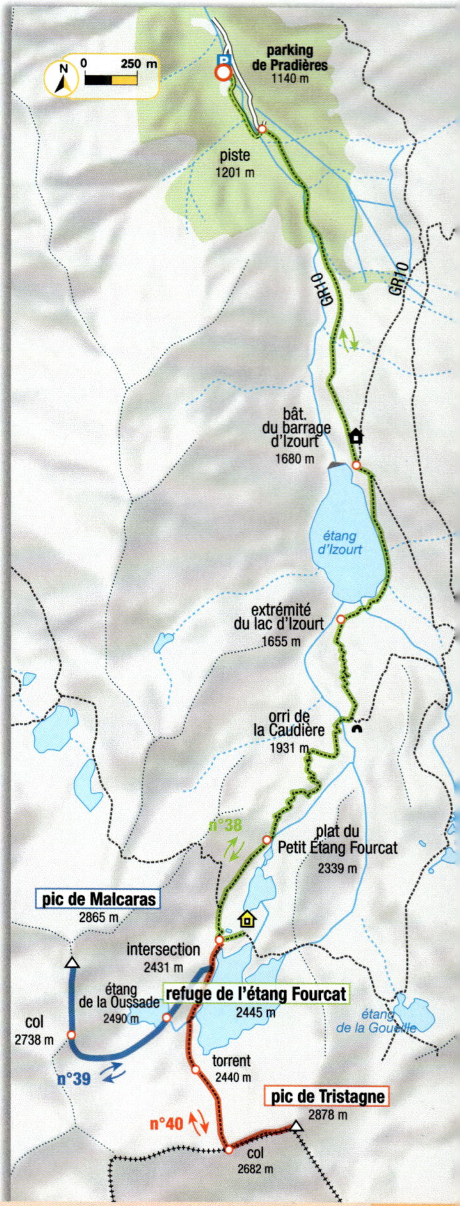

Étang de Petsiguer.

Centrale de Pradières

# 41 Étangs de Petsiguer 2300 m
# 42 Étang de la Goueille 2395 m
# et refuge de l'Étang Fourcat 2445 m 1 ou 2 jours
# 43 Pic de l'Aspre 2744 m

**41** 5h45 - 13 km - 1150 m+ **42** 7h45 - 18 km - 1400 m+ **43** 8h10 - 16 km - 1650 m

**41.** Itinéraire sur sentier balisé.
**42.** Itinéraire sur sentier balisé.
**43.** Itinéraire HS en partie cairné. Aide ponctuelle des mains pour s'équilibrer sur un bout de crête aérien. Orientation facile.

**Balisage :** Blanc et rouge ou jaune jusqu'à l'étang Fourcat. Hors balisage pour le pic.

**Accès :** Tarascon > Vicdessos > Auzat > Artiès. Parking aménagé à droite, juste avant le terminus de la route, à la centrale électrique de Pradières.

**Départ :** Parking de Pradières, 8 km au S de Vicdessos.

**Carte :** IGN TOP25 2148 OT

**Refuge gardé** de l'Étang Fourcat et refuge non gardé d'Izourt.

***Les étangs de Petsiguer, lovés dans un vallon ouvert, sont un déploiement de lacs bordés de belles prairies propices au bivouac ou à la contemplation. Un véritable éden. Au-dessus, après une ascension méritée, le pic de l'Aspre offre un immense panorama. Et pour aller plus loin, le refuge de l'étang Fourcat s'avère un excellent camp de base.***

## 41 : Étangs de Petsiguer

**0h00 > Du bout du parking** (1140 m), suivre la piste herbeuse au S qui va traverser un pont en béton. Elle s'élève, longeant à gauche un grand bâtiment. Puis elle entre dans le bois, avant de franchir une passerelle métallique débouchant sur une…

**0h10 > Piste** (1201 m), en amont de la centrale. Remonter la piste sur quelques mètres et bifurquer à droite sur le sentier du GR10. Il grimpe doucement, d'abord sous le couvert des arbres puis dans la lande jusqu'à atteindre le…

**1h25 > Refuge et les bâtiments du barrage d'Izourt** (1680 m). Poursuivre en face, traversant au milieu des anciennes fondations, s'élevant à la stèle, ignorant un sentier descendant de la gauche et marchant sur la plateforme d'une terrasse artificielle. Juste après des excavations arriver sur une…

**1h30 > Bifurcation** (1685 m). « Petsiguer » inscrit en jaune sur un rocher. Quitter le GR10A et emprunter à gauche une fine sente balisée en jaune, d'abord en légère ascendance, traversant longuement tout le flanc, puis montant plus énergiquement pour venir reprendre pied, bien plus haut, sur le…

**2h15 > GR10A** (1960 m). Le suivre à droite pour gagner une…

**2h25 > Intersection** (1986 m), dans le creux du ruisseau de Petsiguer. Laisser le GR10A descendre à droite et continuer amont le long du torrent (balisage jaune) que l'on ne tarde pas à enjamber. Au moment où le sentier s'apprête à entrer dans une jasse, il effectue un crochet à revers à droite. Surmonter ainsi une succession de petits ressauts et traverser le cirque en dominant la jasse afin de franchir le verrou des étangs de Petsiguer. Après une série de laquettes, apparaît le…

**3h20 > Grand étang de Petsiguer** (2300 m). Il est plaisant de se balader sur ses rives, profitant des belles banquettes herbeuses côtoyant les eaux translucides. Revenir par le même itinéraire au…

**5h45 > Parking.**

## 42 : Étangs de la Goueille et refuge de l'Étang Fourcat

**3h20 > Du grand étang de Petsiguer** (2300 m), cheminer au S. Au-delà du dernier lac, le sentier passe devant la cabane du berger, fermée, et s'élève dans la végétation basse jusqu'à un…

**3h40 > Petit col** (2415 m). À droite, le balisage jaune (« F » sur le rocher), descend au laquet, (« raccourci » pour gagner le refuge et alternative aux ravines). Pour notre part, filer à gauche (autre balisage jaune) en courbe de niveau sur une vire coupant deux ravines, pouvant poser problème en début de saison lorsqu'elles sont encombrées de neige. Venir dominer l'…

**3h50 > Étang de la Goueille** (2395 m) et y descendre avant de le contourner par la droite, franchissant son déversoir et tombant rapidement sur la…

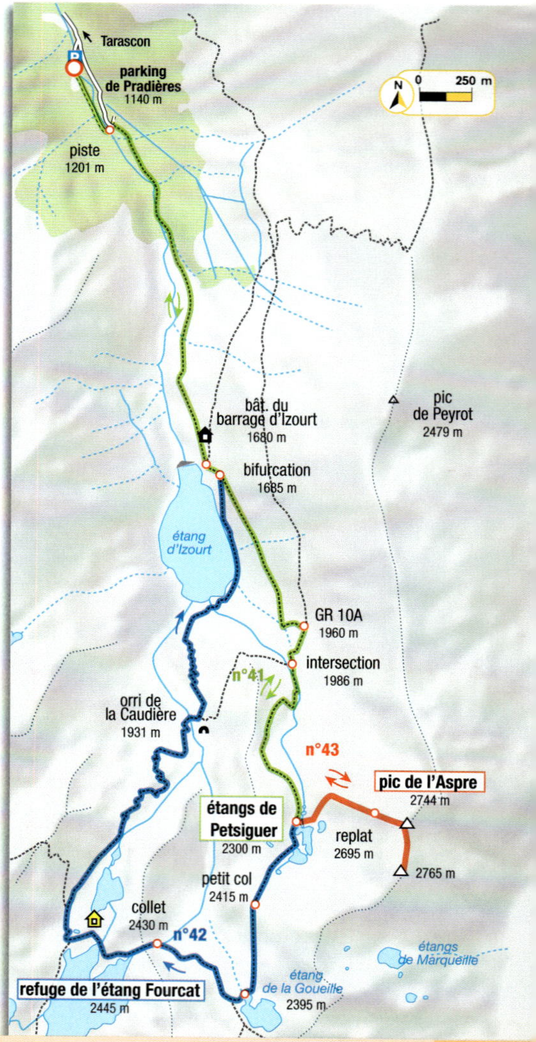

**3h55 > Variante du GR T64** (2405 m). Le suivre au N, gagnant le creux d'un thalweg puis glissant sur son bord gauche. Plus bas (2335 m), apercevoir à droite le laquet, sous le col 2415 m, et retrouver le balisage jaune qui en vient. Le cheminement part alors vers l'O et engage une traversée (versant N) dans un pierrier peu commode, jusqu'à grimper énergiquement dans une ravine, sur un…

**4h35 > Étroit collet** (2430 m). Découvrir l'étang Fourcat que le bon sentier du GR T64 longe par la droite, en courbe de niveau, avant de descendre sur un petit barrage en béton et remonter au…

**4h55 > Refuge de l'Étang Fourcat** (2445 m). Le GR 10A descend quelques dalles, ignore une bifurcation à gauche et file au N. 200 m plus loin, laisser à gauche une nouvelle bifurcation vers le « Picot » (2390 m) pour longer le petit Étang Fourcat. Puis s'amorce la descente sur l'…

**5h55 > Orri de la Caudière** (1931 m). Franchir la passerelle et ignorer immédiatement à droite une variante du GR10A. Une grande série de lacets mène à l'étang d'Izourt à contourner par la droite. Le sentier remonte légèrement jusqu'à la…

**6h50 > Bifurcation** (1685 m) de l'aller. Retour par le même itinéraire au…

**7h45 > Parking.**

## 43 : Pic de l'Aspre

**3h20 > Du Grand étang de Petsiguer** (2300 m). Enjamber à gauche son déversoir et monter, HS, à l'E (cairns), jusqu'à découvrir un nouvel étang. S'élever sur la croupe qui s'étire d'abord au N (y éviter des difficultés par la gauche) puis à l'E. Après un replat, basculer légèrement versant droit, plus herbeux où progressivement les rochers prennent de plus en plus de place.

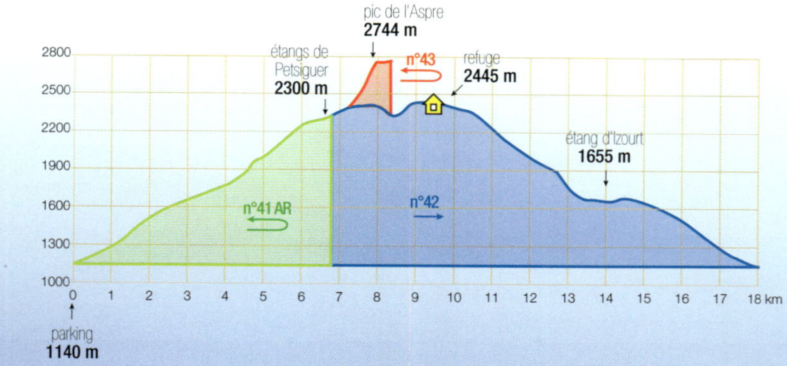


La pente se redresse. Devant de nouvelles difficultés, se tenir dans le flanc droit avant de parvenir sur un…

**4h25 > Replat** (2695 m), précédant des falaises. Les cairns invitent à les contourner par une vire à leur gauche au bout de laquelle gravir une courte cheminée en rocher médiocre, aboutissant dans une…

**4h32 > Brèche sur la crête** (2730 m). Passer versant E et remonter cette crête, aérienne sur quelques mètres, où les mains aident à s'équilibrer. Parvenir sur le…

**4h35 > Pic de l'Aspre** (2744 m). Poursuivre dans le collet au S, mais ne pas remonter en face. Descendre versant droit sur 5 m puis marcher en courbe de niveau dans le versant O. Ignorer une première cheminée à gauche, et s'engager dans la seconde (cairns). Prendre pied sur la crête à suivre jusqu'au…

**4h50 > Point culminant de l'Aspre** (2765 m). Retour par le même itinéraire au…

**5h45 > Grand étang de Petsiguer** (2300 m). Puis au…

**8h10 > Parking.**

Vue vers la plaine et le piémont depuis la crête du pic de l'Aspre.

Toute la rando sous nos yeux.

Goulier neige

# 44 Pique d'Endron *2472 m*

**4h45 - 9 km - 1000 m+**

**44.** Itinéraire rapide et évident, sur chemin et sentier, avec un court passage aérien où il faudra poser une main.

**Balisage :** Jaune ancien.

**Accès :** Sortie S de Tarascon-sur-Ariège > Vicdessos. À l'entrée du bourg, monter à gauche à la station de Goulier neige, terminus de la route.

**Départ :** Stade de neige de Goulier, 10 km au S de Vicdessos.

**Carte :** IGN TOP25 2148 OT

**Cabane** de la retenue d'eau.

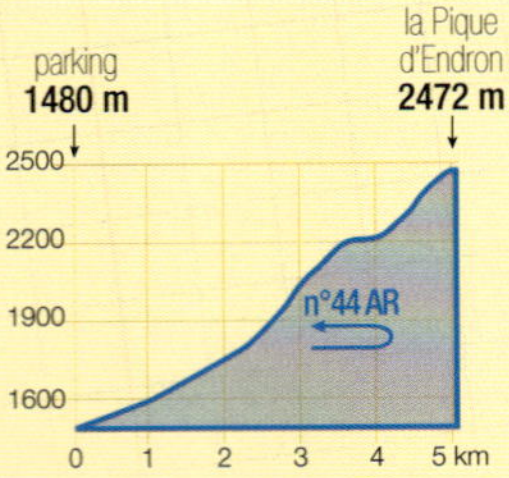


***Ce joli pic à la courbe reconnaissable constitue un but rapide et élégant d'ascension. Des montées franches, une fin de parcours en crête aérienne et un large panorama sommital sur les hautes vallées tourmentées du Vicdessos : tous les ingrédients pour une belle journée de montagne.***

**0h00 > Au bout du parking** (1480 m), passer devant le bâtiment de l'accueil et monter à un deuxième bâtiment (refuge J. Dor). Suivre alors à gauche un chemin qui s'élève régulièrement en lacets. Passer sous les téléskis et contourner la retenue d'eau par la gauche pour rejoindre une...

**0h40 > Petite cabane.** Poursuivre, dans le dos de cette dernière, par le sentier de gauche, moins raide que celui de droite, pour grimper à la...

**0h50 > Crête NO du pic du Sarrasi** (1790m). Gravir cette jolie échine, avec patience et volonté, en observant l'arête sommitale où vos pas vous porteront tout à l'heure. Atteindre, finalement, le petit sommet tout plat du peu probant...

**1h50 > Pic du Sarrasi** (2213m), renommé Pédrix sur le nouveau fond IGN. Poursuivre vers le SO, en profitant d'un instant de répit sur la première partie de la crête du Sarrasi, quasiment plate. Réattaquer la rude montée et, par une petite escalade rocheuse très facile mais aux prises un peu fuyantes, se lancer dans le court passage aérien de la randonnée. Rejoindre la petite...

**2h25 > Brèche du créneau d'Endron** (2384 m). Un dernier effort, puis tout se calme pour aboutir à la...

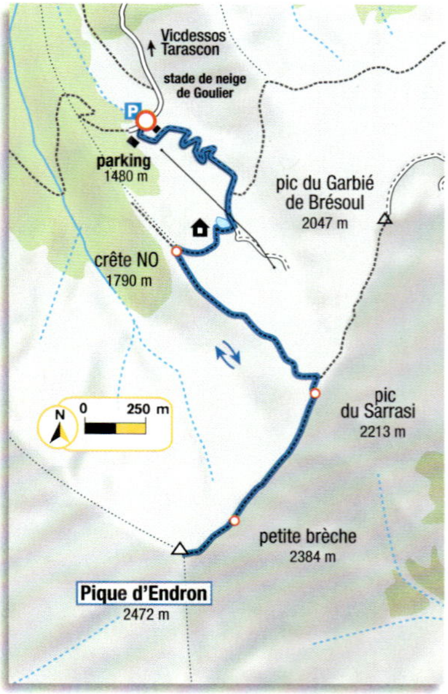


**2h40 > Pique d'Endron** (2472 m) et à son très large panorama sur l'Ariège : barrages de Gnioure et d'Izourt, Montcalm, massif de Bassiès et ses étangs, pic des Trois Seigneurs et villages du Vicdessos, massif de Tabe. Retour rapide par le même itinéraire en restant prudent dans les passages techniques.

**4h45 > Parking.**

Etang d'Izourt et hauts sommets frontaliers.

Premiers rayons de soleil sur les étangs des Llassiès et la crête de Bourbonne.

Bouychet

# 45 Pics de Font Blanca et de Bourbonne

2903 m 2 jours

**14h15 - 30 km - 2800 m+**

**45.** Long itinéraire en grande partie HS. Bonnes connaissances en orientation et lecture de paysage ainsi qu'une grande visibilité requises. Pentes herbeuses ou pierreuses très raides pouvant nécessiter l'usage de crampons et piolet en début d'été. Un terrain pour montagnards.

**Balisage :** Jaune jusqu'à la jasse de Bélesta, puis des orris de la Coume du Four au parking. Hors balisage ailleurs.

**Accès :** Sortie sud de Tarascon-sur-Ariège > Laramade > Siguer > Parking du Bouychet.

**Départ :** Parking du Bouychet, 15 km au S de Tarascon.

**Carte :** IGN TOP25 2148 OT

**Cabanes** de Brouquenat d'en-haut, de Peyregrand, de Llassiès, de Neych et de d'Auruzan.

***Longue est la vallée qui mène aux étangs de Llassiès. Mais la somptuosité de ces miroirs azurés, rivalisant de charme avec les flancs pourpres du Font Blanca, mérite l'effort. Pour le retour, par les crêtes du pic de Bourbonne, ne manquez pas les étendues lacustres de Neych, autres joyaux.***

## Jour 1 : Pic de Font Blanca

**0h00 > Du parking** (925 m), longer le bâtiment par la droite, traverser un replat et pénétrer dans le bois de buis au S. Longtemps à couvert, le sentier entre dans la gorge et la remonte, franchit deux passerelles au-dessus du tumulte, avant d'en ressortir. Il file ensuite, plus paisiblement, rive droite, à découvert, jusqu'à traverser le…

**1h35 > Pont de la Peyre** (1500 m). Ignorer en face le sentier menant à l'étang de Gnioure et poursuivre sur celui longeant la rive gauche. Plus haut, il disparait lors de la traversée d'un pierrier, derrière lequel apparait la jasse de la Mastière et l'étang de Brouquenat qui s'assèche. Le longer, rive droite, passer en contrebas de la cabane et traverser le…

**2h30 > Pont de Gespedière** (1620 m), fait de deux immenses pierres. S'élevant dans le flanc droit, le sentier gagne progressivement de l'altitude et franchit le verrou pour prendre pied sur le bord de l'…

**3h20 > Étang de Peyregrand** (1898 m). Traverser à droite le déversoir et emprunter l'itinéraire qui longe le lac, puis gagne son goulet d'alimentation. Suivre très longuement la rive gauche du torrent et ses beaux méandres dans le vallon herbeux presque plat. Puis passer à hauteur de la…

**4h10 > Cabane de Peyregrand** (1940 m), que l'on aperçoit sur l'autre rive. Une fois la jasse traversée, la pente se redresse et le sentier nous mène, toujours rive gauche, dans la…

**4h45 > Jasse de Bélesta** (2100 m). Franchir le petit torrent, passer devant une ruine et gravir au NO le couloir herbeux, HS, qui constitue le point de faiblesse dans la barre. Gagner de l'altitude en se faufilant au mieux sur le terrain, entre des falaises à gauche et le torrent à droite. Remonter le vallon rive droite, longeant un lac et son île. Le vallon se rétrécit et, le long du torrent, s'élever jusqu'au plus grand des…

**5h30 > Étangs de Lassiès** (2386 m). Le contourner par la gauche et continuer de se hisser pour découvrir tout le chapelet au-dessus. Laisser une petite étendue à droite, atteindre le déver-

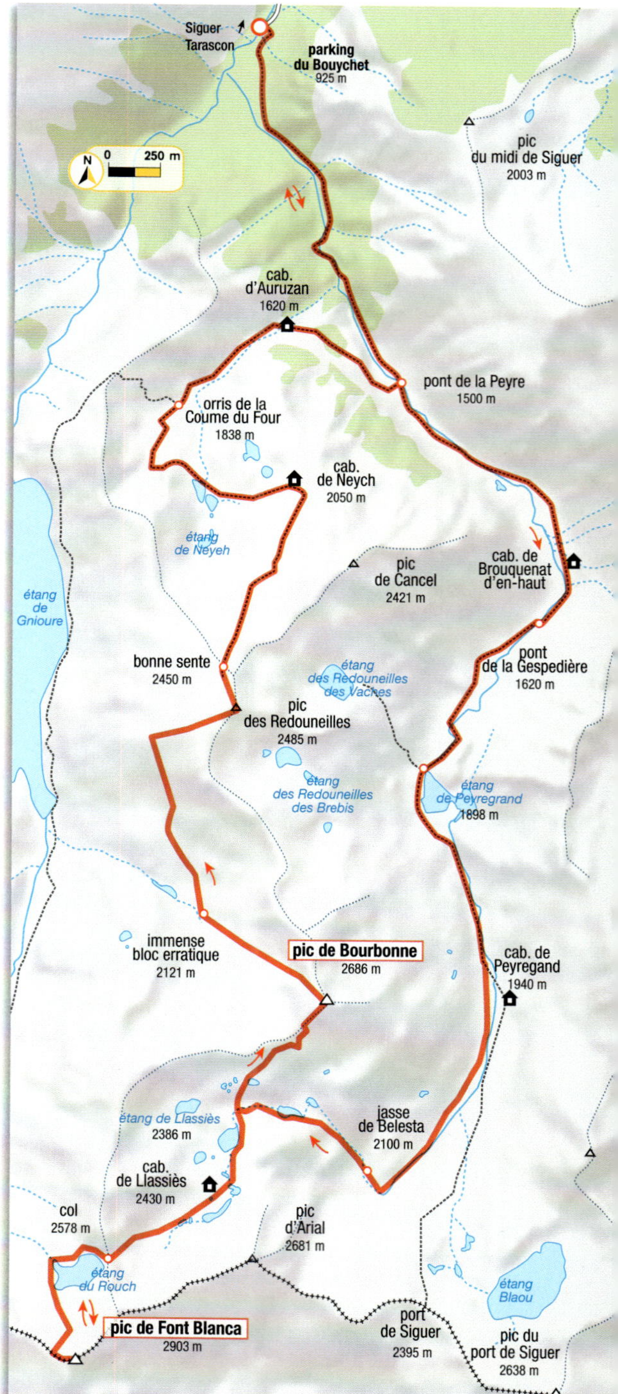

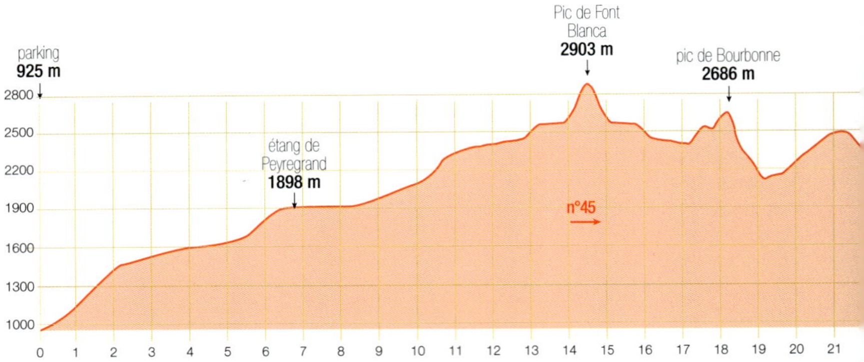


soir d'une plus grande. Le franchir, à gué, et ne pas tarder à rencontrer la discrète…

**5h40 > Cabane de Llassiès** (2430 m), alliant toit végétal et construction en bois habillée de pierre. Viser ensuite le col au SO. Le rallier en traversant HS le plateau puis en trouvant un bon sentier dans le flanc de la montagne, à droite du…

**6h05 > Col** (2578 m). Le franchir et rester sur le sentier qui contourne l'étang par la droite, jusqu'au…

**6h10 > Déversoir de l'étang du Rouch** (2549 m). Le traverser et se diriger au S, puis remonter le pierrier relativement stable du cône de déjection derrière lequel se dressent les falaises du sommet. Prendre pied sur une lèvre morainique à remonter vers la droite. Elle se poursuit par une diagonale ascendante sur un terrain de cailloutis instables pénibles, qui dévalent d'une brèche de la crête. Rejoindre la brèche et crapahuter sur la crête à gauche pour gagner le…

**7h00 > Pic de Font Blanca ou du Port** (2903 m). Apparaît l'Andorre, à l'opposé de la vallée de Gnioure et des perles azurées des Llassiès. Retour par le même itinéraire à la…

**8h00 > Cabane de Llassiès** (2430 m), occupée par le berger en été. Revenir par l'itinéraire de montée au déversoir du plus grand…

**8h30 > Étang des Llassiès** (2386 m), propice au bivouac.

## Jour 2 : Pic de Bourbonne

**0h00 > De l'étang des Llassiès** (2386 m). Dévaler les éboulis sur quelques mètres mais ne pas s'engager dans la gorge de l'aller. Traverser le torrent et monter au N, HS, pour parvenir sur un large balcon au pied de la crête de Bourbonne. Le suivre à droite et contourner, par la gauche, …

**0h15 > Un étang** (2410 m), avant de s'élever sur un terrain mi rocheux mi herbeux en direction de la base des falaises. Longer le pied de ces dernières par une bande herbeuse, jusqu'à une difficulté. Descendre un peu pour la contourner, et revenir longer au plus près les falaises. 200 m plus loin, apparaît leur seul point de faiblesse : un couloir herbeux à gravir pour prendre pied sur la crête. Le versant O se remonte sans difficulté jusqu'au…

**0h50 > Pic de Bourbonne** (2686 m). S'engager dans le couloir au NO, raide, en terrain pas toujours stable, et descendre ainsi tout le vallon jusqu'à un…

**1h50 > Immense bloc erratique** (2121 m), marquant le début de la zone humide. Trouver à sa droite une sente (balises rouges) qui gagne le flanc droit et monte progressivement. Viser au loin une sente bien marquée, en se hissant rudement. Juste avant d'y parvenir, rencontrer un ancien orri. Emprunter la sente qui, sur le haut, se couche et se scinde. Suivre toujours celle qui s'élève le plus. Lorsque l'on s'apprête

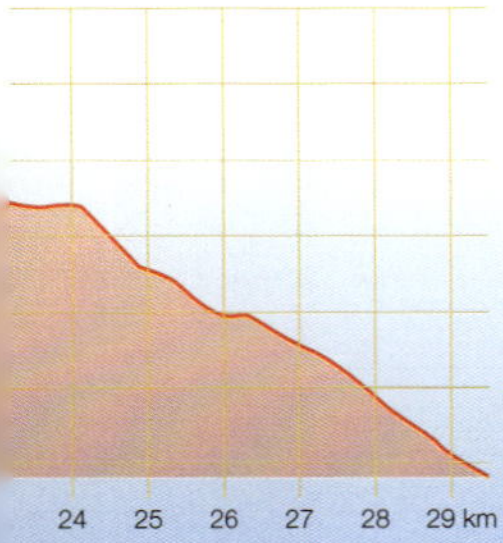


à changer de versant (au moment d'apercevoir le barrage de Gnioure), monter droit dans la pente herbeuse pour gagner les crêtes et le...

**2h50 > Pic des Redouneilles** (2485 m). Vues plongeantes sur les étangs des Redouneilles des Vaches et des Brebis. Poursuivre sur la croupe débonnaire vers le N jusqu'à rencontrer une bonne sente (2450 m) qui bascule dans le versant N. Vers 2340 m, laisser une sente qui part en courbe de niveau à droite, vers l'étang des Redouneilles des Vaches, pour continuer de descendre en se tenant sur le bord droit du vallon de Neych. Parvenir à la...

**3h35 > Cabane de Neych** (2050 m). Le sentier descend plein O, longe les arabesques du ruisseau puis un étang par la droite, remonte à peine sur un collet et s'abaisse dans le vallon derrière, lentement, puis en lacets, jusqu'aux...

**4h00 > Orris de la Coume du Four** (1838 m). Ignorer le balisage jaune qui monte dans le flanc de gauche, et continuer de descendre sur le bon sentier, rive gauche. Plus bas, il traverse à gué pour rallier la...

**4h25 > Cabane d'Auruzan** (1620 m). Poursuivre dans le flanc, remontant à peine, avant de redescendre sur le...

**4h40 > Pont de la Peyre** (1500 m). Rentrer par le chemin de l'aller au...

**5h45 > Parking.**

Cabane de Llassiès, parfaitement intégrée au milieu.

Arabesques de l'étang de Peyregrand.

Bouychet

# 46 Étang de Peyregrand 1898 m
# 47 Pic du port de Siguer 2638 m 1 ou 2 jours

**46** 5h45 - 14 km - 1000 m+ **47** 10h45 - 25 km - 1800 m+

**46.** Itinéraire sur sentier balisé sans difficulté.
**47.** Long itinéraire sur sentier balisé ou cairné. Crête assez facile au-delà du port.

**Balisage :** Jaune jusqu'au port de Siguer. Hors balisage pour le pic.

**Accès :** Sortie sud de Tarascon-sur-Ariège > Laramade > Siguer > Parking du Bouychet.

**Départ :** Parking du Bouychet, 15 km au S de Tarascon.

**Carte :** IGN TOP25 2148 OT

**Cabanes** de Brouquenat d'en-haut et de Peyregrand.

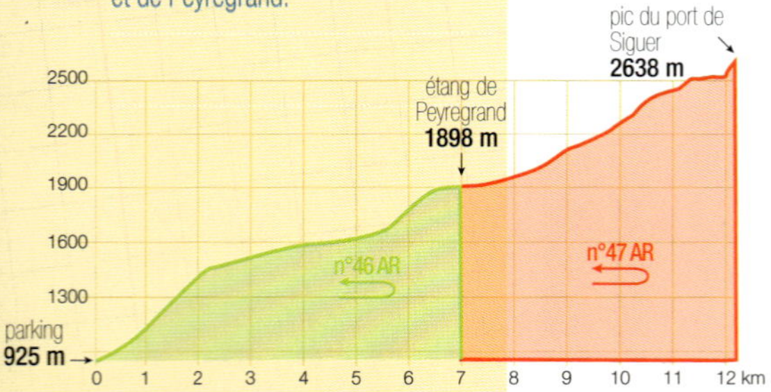


***La vallée de Siguer est parsemée de jasses et d'étangs dont le plus spectaculaire est celui de Peyregrand, de par sa forme et ses abords herbeux. Plus amont, le pic du port de Siguer révèle le versant andorran avec lequel transitaient jadis de nombreux échanges.***

## 46 : Étang de Peyregrand

**0h00 > Du parking** (925 m), longer le bâtiment par la droite, traverser un replat et pénétrer dans le bois de buis au S. Longtemps à couvert, le sentier entre dans la gorge et la remonte, franchit deux passerelles au-dessus du tumulte, avant d'en ressortir. Il file ensuite, plus paisiblement, rive droite, à découvert, jusqu'à traverser le…

**1h35 > Pont de la Peyre** (1500 m). Ignorer en face le sentier menant à l'étang de Gnioure et poursuivre sur celui longeant la rive gauche. Plus haut, il disparait lors de la traversée d'un pierrier, derrière lequel apparait la jasse de la Mastière et l'étang de Brouquenat qui s'assèche. Le longer, rive droite, passer en contrebas de la cabane et traverser le…

**2h30 > Pont de Gespedière** (1620 m), fait de deux immenses pierres. S'élevant dans le flanc droit, le sentier gagne progressivement de l'altitude et franchit le verrou pour prendre pied sur le bord de l'…

**3h20 > Étang de Peyregrand** (1898 m). Vaste étendue lacustre en train de se combler. Retour par le même itinéraire au…

**5h45 > Parking.**

## 47 : Pic du port de Siguer

**3h20 > Étang de Peyregrand** (1898 m). Traverser à droite le déversoir et emprunter l'itinéraire qui longe le lac, puis gagne son goulet d'alimentation. Suivre très longuement la rive gauche du torrent et ses beaux méandres dans le vallon herbeux presque plat. Lorsqu'elle est en vue, rejoindre au mieux la…

**4h10 > Cabane de Peyregrand** (1940 m), rive opposée. Poursuivre jusqu'au bout du replat, passer une échancrure du vallon entre un chaos de blocs à gauche et le torrent à droite, et entamer la montée sur le sentier qui s'éloigne du torrent pour gravir le pan de montagne. Il se couche aux abords du torrent de l'étang Blaou qu'il longe un moment. Puis il contourne, par la droite, une butte derrière laquelle il prend pied sur un…

**5h10 > Replat avec un petit lac** (2300 m) - *De là, il serait aisé de rejoindre l'étang Blaou en arpentant le vallon qui s'ouvre à l'E* - Le sentier poursuit son ascension vers le…

**5h25 > Port de Siguer** (2395 m) bien visible. Ignorer le bon sentier qui descend au NE jusqu'à l'étang Blaou et poursuivre en ascendance sur la croupe au SE. Rapidement une difficulté s'évite par la droite. Plus haut, une sente invite à contourner l'éminence 2540 m par la gauche, mais le fil est plus intéressant. Au collet suivant (2516 m), franchir une nouvelle éminence, puis la pente se redresse. Monter légèrement à gauche du fil, avant de rebasculer à droite pour contourner un bastion rocheux et parvenir au…

**6h15 > Pic du port de Siguer ou de Bagnels** (2638 m). Le pic de Thoumasset, l'étang Blaou et son pic trônent fièrement au N. Les pics de Font Blanca et de Bourbonne complètent le paysage. Retour par le même itinéraire au…

**10h45 > Parking.**

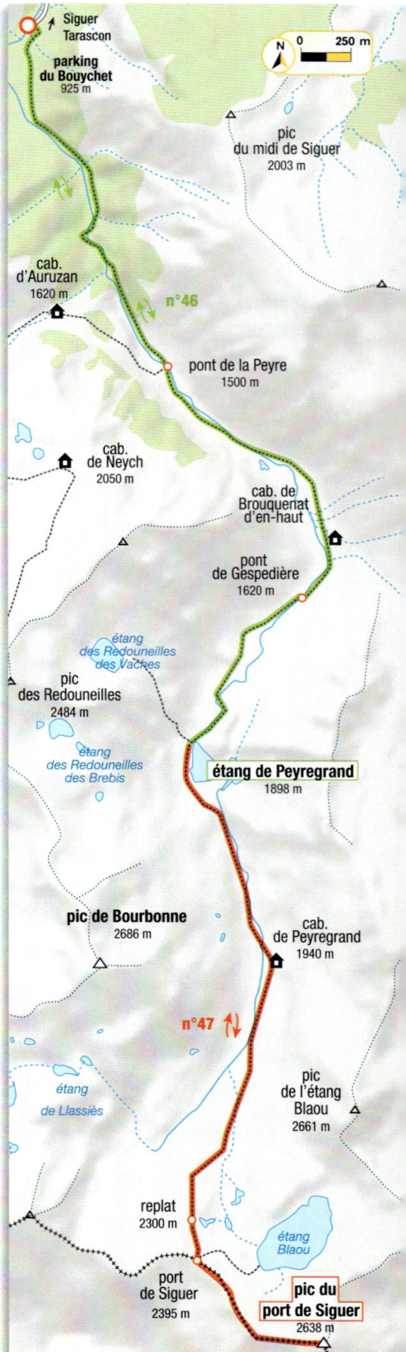

Crêtes de la Calbe dominant le vallon de Larnoum.

Sirbal

# 48 Étang du Larnoum 1789 m
# 49 Pic de Béze 2380 m 1 ou 2 jours

**48** 5h30 - 12 km - 1050 m+

**49** 10h20 - 23 km - 1800 m+

**48.** Itinéraire sur sentier ou HS, requérant de bonnes notions de lecture de paysage et d'orientation.
**49.** Long itinéraire sur de vagues sentes demandant un peu de lecture de paysage.

**Balisage :** Hors balisage sauf une très courte portion sur le GR10.

**Accès :** Les Cabannes > Aston > Dans ce village éparpillé, suivre « Gîtes du pas de l'Ours » puis « refuge du Rulhe ». Passer la grande grange de Sigueille et son immense enclos. Juste après franchir un premier, puis un second pont précédant un emplacement pour 2 véhicules à droite. S'y garer.

**Départ :** Parking de Sirbal, 6 km au S de Les Cabannes.

**Carte :** IGN TOP25 2148 OT

**Cabanes** du Larnoum et de Béze.

***Le vallon du Larnoum est assurément l'un des plus sauvages d'Ariège. Outre sa forêt apaisante et ses lis des Pyrénées, il recèle de véritables merveilles avec son lac enchâssé dans un écrin de verdure, ses cabanes, le plateau surréaliste de la Unarde et des points de vue sur le massif de l'Aston. Des rencontres qui se méritent mais valent largement le crapahut.***

## 48 : Étang du Larnoum

**0h00 > Du parking** (777 m), s'engager sur le sentier dans le bois, raide mais régulier, sur un terrain roulant. La forêt est claire, lumineuse, et moussue. Plus haut, le sentier plus étroit vient dominer le torrent. Juste après un improbable escabeau en aluminium, un gros cairn invite à franchir la…

**1h10 > Passerelle du Pré de Bénadèle** (1235 m). Traverser une clairière avant que le sentier ne pénètre à nouveau en forêt, mieux marqué. Il ne se tient jamais loin de l'eau, s'élève en longeant une petite falaise et, beaucoup plus loin, sort en…

**1h35 > Lisière de bois** (1350 m), où il disparaît. Longer HS le torrent pour rencontrer la…

**1h40 > Passerelle de la jasse de Sirbal** (1355 m), sans la franchir. Remonter, dans le bois à droite, le GR10, jusque dans une clairière. Le quitter pour rallier à gauche un gros bloc duquel, en quelques mètres en courbe de niveau, trouver l'amorce d'une sente qui s'abaisse légèrement dans le bois. Elle s'efface dans une clairière pour réapparaitre à l'autre extrémité gauche, dans le bois. Elle en traverse une nouvelle avant de passer rive droite et de remonter rapidement vers la…

**2h15 > Clairière de la jasse de Caudiès** (1510 m). La remonter HS puis viser O un bloc (et cairn) dans une langue déboisée au-dessus de laquelle reprendre vite pied sur un sentier. Le suivre à gauche (s'effaçant dans une clairière). Bien plus haut il sort du bois et descend franchir à gué à gauche le…

**2h35 > Torrent** (1620 m). Se laisser guider par les cairns et la sente, plus ou moins marquée, qui invitent à remonter la prairie rive droite. Franchir un bosquet et déboucher dans une nouvelle prairie (1731 m). S'élever à droite dans la soulane et y trouver rapidement un sentier cairné se dirigeant à l'O vers un collet derrière lequel apparaît l'…

**3h00 > Étang du Larnoum** (1789 m). Superbe petit lac dans son écrin de verdure, avec, au S, de belles plages pour le bivouac. Retour par le même itinéraire au…

**5h30 > Parking.**

## 49 : Pic de Béze

**3h00 > De l'étang du Larnoum** (1789 m). Contourner l'étang par la droite sur un sentier qui s'échappe au N pour passer un collet et descendre franchir à gué le…

**3h10 > Torrent du Larnoum** (1765 m). Ignorer la cabane en contre-haut. Traverser amont, HS, tout le faux plat où le ruisseau effectue des méandres. Poursuivre par des sentes de vaches remontant rive droite le vallon. Passant des blocs épars, parvenir sur un…

**3h45 > Plateau** (1860 m). Remarquer au SO la sente qui s'élève de droite à gauche jusque vers un vallon herbeux. Emprunter ce sentier qui zigzague dans l'ascension du vallon jusqu'à prendre pied dans un…

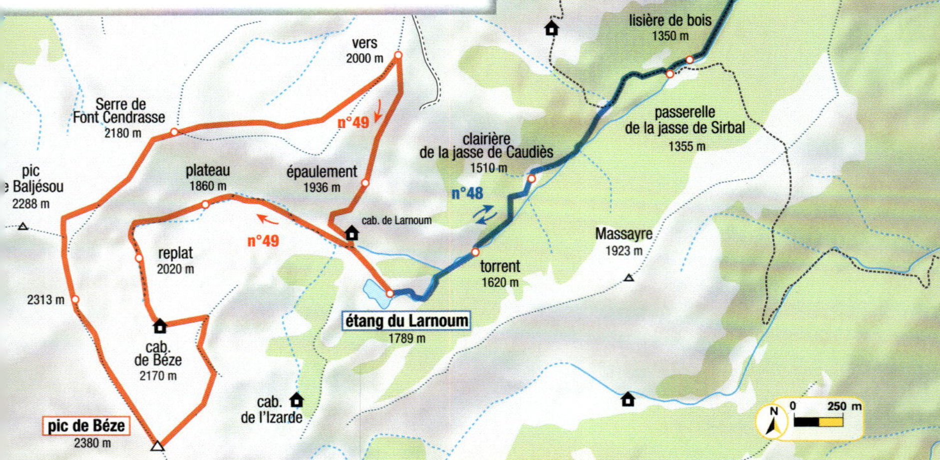

**4h10 > Replat** (2020 m). Il le traverse, moins marqué, puis continue de prendre de la hauteur dans le flanc gauche de l'axe du vallon. Plus haut, il longe par la gauche un replat avec de superbes méandres et se disperse en plusieurs sentes dans le flanc, qui mènent toutes dans la jasse de la...

**4h35 > Cabane de Béze** (2170 m). S'élever sur la sente évidente à l'E, jusqu'à s'approcher de la ligne de crête. La quitter alors pour emprunter cette crête que l'on remonte au S jusqu'à un amas de rochers. Poursuivre l'ascension sur la croupe molle au SO jusqu'au...

**5h10 > Pic de Béze** (2380 m) et aux oreilles de l'Âne. Vaste platitude qui contraste avec les à-pics de la vallée de Siguer. Continuer par la croupe qui file au NO, descend sur un col et remonte vers l'éminence 2313, dont la crête ciselée s'évite par la gauche. En persévérant au N, la crête se scinde. À gauche, le pic de Baljésou (2288 m) n'est qu'à quelques encablures. Descendre au N, en appuyant légèrement à droite pour contourner par la gauche le terrain pierreux malcommode. Finir par retrouver des sentes qui, vers l'E, nous ramènent sur la crête bordant le vallon du Larnoum. Franchir le...

**6h30 > Cap de la Serre de Font Cendrasse** (2180 m), puis descendre sur une large zone peu inclinée. Viser en face, par une bonne sente, l'épaulement du cap de la Serre de l'Escalier, sur la gauche de la colline qui nous fait face. De nouveau sur une ligne de crête, entamer la descente vers le pas de l'Escalier, jusqu'à apercevoir, vers la cote 2000, un bon sentier qui remonte à revers dans le flanc E. Il ne tarde pas à onduler, plus ou moins marqué, traverse une terrasse suspendue, et parvient sur un...

**7h25 > Épaulement** (1936 m), en haut du vallon du Larnoum. Y descendre HS par un petit vallon. Plus bas, appuyer à droite et finir, pleine pente, jusqu'au replat. Gagner à vue en courbe de niveau la...

**7h45 > Cabane du Larnoum** (1780 m), descendre franchir le torrent et retrouver l'itinéraire de l'aller jusqu'au...

**10h20 > Parking.**

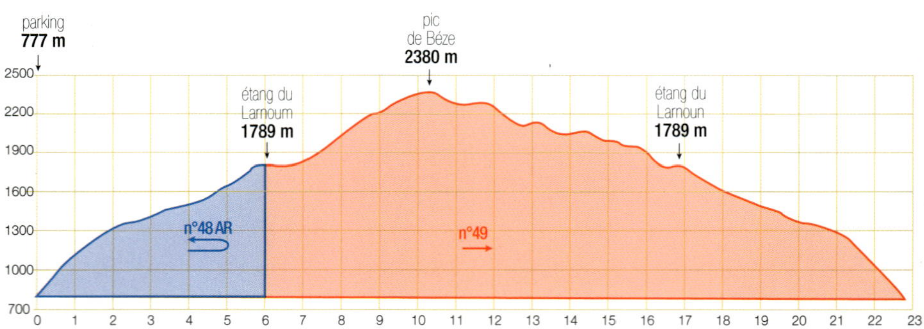

Étang de Lanoum.

#50

Centrale de Laparan

Le feu, compagnon des soirées en montagne.

# 50 Pic du Pas de Chien 2491 m

**9h - 22 km - 1500 m+**

**50.** Sentier peu marqué exigeant un bon sens de la trajectoire jusqu'à l'étang, puis HS demandant des connaissances en orientation. Pente herbeuse de descente raide à éviter par temps humide.

**Balisage :** Hors balisage.

**Accès :** Les Cabannes > Aston > Dans ce village éparpillé, suivre « Gîtes du pas de l'Ours » puis « refuge du Rulhe », jusqu'au parking de la centrale de Laparan.

**Départ :** Parking de la centrale de Laparan, 12 km au S de Les Cabannes.

**Carte :** IGN TOP25 2148 OT

**Cabanes** de Rieutort de Gascous, de la Sabine et de Quioulès.

***La très sauvage vallée d'Aston vous livre ici l'un de ses itinéraires les plus excentrés de toute commodité, exempt de sentier. Au-delà des quelques cabanes isolées, la nature y est absolument virginale. À vous d'établir votre trajectoire, dans cet espace rude mais absolument authentique.***

**0h00 > Du parking de la centrale de Laparan** (1100 m), descendre 50 m sur la piste herbeuse qui s'amorce au N de l'épingle de la route et traverser à gauche le torrent, sur une passerelle métallique. Remonter ensuite longuement un bon sentier dans les bois. Il franchit le pas de la Crabe (1380 m) et redescend emprunter le…

**0h50 > Pont du Pas de la Crabe** (1332 m). Tout en poursuivant rive droite du torrent, s'extraire du couvert des arbres, franchir deux autres passerelles et arriver sur une…

**1h35 > Piste herbeuse** (1512 m). La suivre à droite et emprunter un pont artisanal. Prendre le sentier qui part à droite franchir rapidement une nouvelle passerelle métallique rouillée. Le sentier va à gauche et retrouve une piste à remonter jusqu'à un…

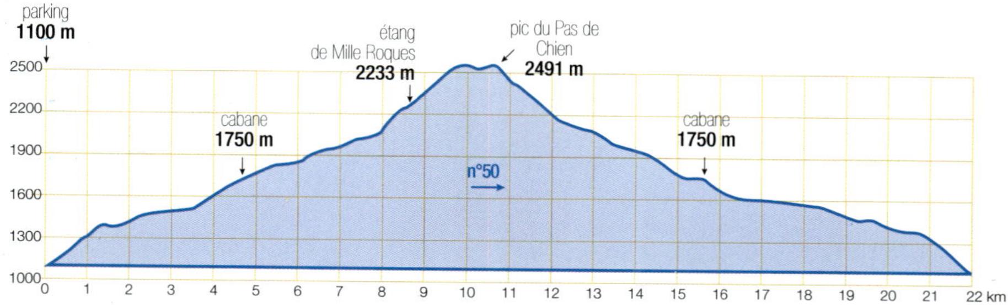


**1h55 > Captage** (1590 m). Contourner ce dernier par la droite, franchir un promontoire de quelques mètres et retrouver le sentier mieux marqué dans le bois. Il suit une courbe de niveau avant de s'élever très rudement. En peu de temps, parvenir sur une intersection. Ignorer le sentier en face et prendre à gauche celui qui, bien marqué, continue de monter raide. Sortir du bois vers 1700 m (cairn). Le sentier longe paisiblement dans l'herbe la rive gauche du torrent et parvient à la…

**2h30 > Cabane de Rieutort de Gascous** (1750 m). Poursuivre sur des sentes de vaches, rive gauche, remontant tout le vallon. Venir dominer deux laquets ; le sentier est meilleur. Monter franchir un bosquet puis traverser à droite, le long des parois en direction d'une cheminée herbeuse. En haut de ce corridor, lorsque la pente se couche, repérer à revers à gauche, sur une dalle, une vire horizontale (cairn). Elle mène à l'…

**4h15 > Étang de Mille Roques** (2233 m), le bien nommé. Revenir dans le corridor herbeux et l'emprunter à gauche sur quelques mètres, avant de gravir la pente herbeuse à droite. Rapidement une bonne sente part en courbe de niveau vers l'E pour passer à la base de l'éperon et le contourner. Basculant dans un autre vallon, elle s'élève ensuite progressivement au N jusqu'à un…

**4h35 > Petit lac** (2310 m). Gravir la croupe (vers le N), utilisant ponctuellement de vagues sentes de bêtes et arriver directement au pic de Mille Roques (2464 m). Suivre la ligne de crête débonnaire à l'O jusqu'au…

**5h10 > Pic du Pas de Chien** (2491 m). Vue vertigineuse sur l'étang, au S, et l'immense replat de la Unarde, au N. Persévérer sur la crête jusqu'à un…

**5h20 > Col herbeux** (2440 m), d'où s'amorce un couloir herbeux soutenu. Le descendre puis emprunter au maximum, vers l'E, les banquettes herbeuses filant

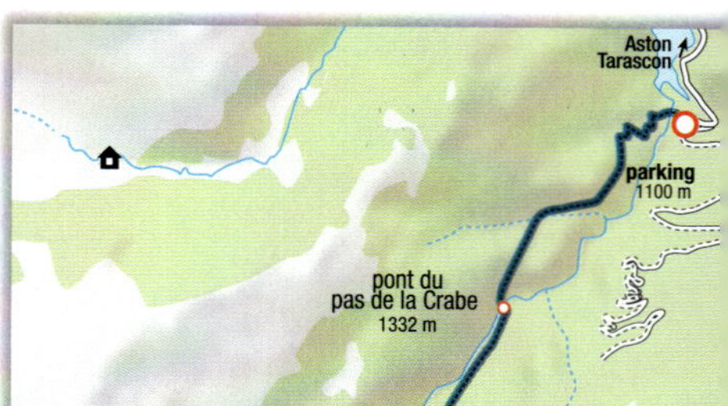

entre les falaises et l'immonde pierrier qui s'étire vers l'étang. Traversant tout le cirque, parvenir en contre-haut du…

**5h45 > Corridor herbeux** (2250 m) vers lequel plonger pour retrouver l'itinéraire de l'aller et rentrer au…

**9h00 > Parking.**

Les premiers rayons lèchent les faces granitiques.

Descente vers l'étang de Soulanet.

Centrale de Laparan

# 51 Cabane de la Sabine 1970 m
# 52 Pic de Thoumasset 2741 m 1 ou 2 jours
# 53 Pic de la Sabine 2561 m 1 ou 2 jours

**51** 6h40 - 17 km - 1000 m+ **52** 10h20 - 24 km - 1750 m+ **53** 9h20 - 19 km - 1600 m+

**51.** Itinéraire sur sentier, mais parfois peu marqué ou confus. Ne pas négliger la distance.
**52 et 53.** Longs itinéraires le plus souvent HS, sur un terrain peu roulant et parfois raide. Temps stable et sec impératif.

**Balisage :** néant

**Accès :** Les Cabannes > Aston > Dans ce village éparpillé, suivre « Gîtes du pas de l'Ours » puis « refuge du Rulhe, jusqu'au parking de la centrale de Laparan.

**Départ :** Parking de la centrale de Laparan, 12 km au S de Les Cabannes.

**Carte :** IGN TOP25 2148 OT

**Cabanes** de la Sabine et de Quioulès.

***La vallée de l'Aston, vaste et abondamment ramifiée, se situe aux confins du monde civilisé et seules de vagues et rares sentes la sillonnent. Le plus souvent, l'espace est vierge de trace humaine et chacun peut y inventer à loisir son propre itinéraire, composant avec les éléments naturels. Une vertu hautement précieuse au cœur des Pyrénées.***

## 51 : Cabane de la Sabine

**0h00 > Du parking de la centrale de Laparan** (1100 m), descendre 50 m sur la piste herbeuse qui s'amorce au N de l'épingle de la route et traverser à gauche le torrent, sur une passerelle métallique. Remonter ensuite longuement un bon sentier dans les bois. Il franchit le pas de la Crabe (1380 m) et redescend emprunter le…

**0h50 > Pont du pas de la Crabe** (1332 m). Tout en poursuivant rive droite du torrent, s'extraire du couvert des arbres, franchir deux passerelles et prendre rapidement pied sur une…

**1h35 > Piste herbeuse** (1512 m). La suivre à gauche, passant sous la conduite. Elle parvient sur une piste horizontale. L'emprunter à droite et 50 m avant de nouveaux bâtiments, obliquer à gauche sur le…

**1h50 > Sentier** (1560 m). Il traverse une longue jasse et franchit un collet au bout à droite. Il remonte ensuite doucement toute la vallée, se tenant à gauche, en ignorant une antique passerelle, jusqu'à la…

**2h30 > Cabane de Quioulès** (1611 m). Viser l'encoignure SO de la jasse et franchir la…

**2h35 > Passerelle métallique de Jeannot** (1608 m). Le sentier file dorénavant rive gauche du torrent dont il s'éloigne très provisoirement puis parvient sur un promontoire devant une…

**3h00 > Jasse** (1751 m). Enjamber à gauche le déversoir et longer la jasse pour gagner son extrémité. Le sentier s'élève dans des arbres épars et ne tarde pas à retrouver le torrent et une…

**3h15 > Énième Passerelle** (1790 m). La franchir et suivre le sentier qui remonte toute la vallée. Il s'éloigne du torrent par un ressaut à main droite, puis la pente se couche. Il gagne la proximité du flanc droit du vallon, et parvient à la…

**3h50 > Cabane de la Sabine** (1970 m), bien camouflée et confortable. Retour par le même itinéraire au…

**6h40 > Parking.**

## 52 : Pic de Thoumasset

**3h50 > De la cabane de la Sabine** (1970 m). Descendre à l'O dans le replat avec des méandres, et franchir un ressaut, rive droite, pour remonter le vallon de la Sabine. Plus haut, sur un replat (2074 m), la sente traverse le torrent à gué et gagne le déversoir de l'…

**4h20 > Étang de la Sabine d'en haut** (2120 m). Suivre la croupe qui le borde à gauche et se diriger vers le vallon minéral. Un ressaut aboutit au pied du pierrier à contourner par la droite. Puis revenir sur la gauche du vallon et se retrouver dans l'axe d'un large couloir au S. Le gravir, HS, et gagner un…

**5h30 > Collet** (2550 m). Un court ressaut à droite nous dépose sur la croupe sommitale qui se remonte aisément jusqu'au…

**6h00 > Pic de Thoumasset** (2741 m). Large vue de toute part, entre Ariège et Andorre. Redescendre par la crête SE, raide par endroits, louvoyant au milieu de ressauts rocheux et parvenir sur un…

**6h20 > Col** (2550 m). Gagner HS l'étang de Soulanet (2395 m) et virer à gauche (E) pour garder à main droite les zones humides, un petit étang et sa presqu'île. Remonter de 20 m vers l'E et basculer dans le thalweg qui s'ouvre au N. Le descendre intégralement jusqu'à rejoindre la…

**7h30 > Cabane de la Sabine** (1970 m) puis, à moins de dormir à la cabane pour enchaîner le lendemain avec le pic de la Sabine, revenir au…

**10h20 > Parking.**

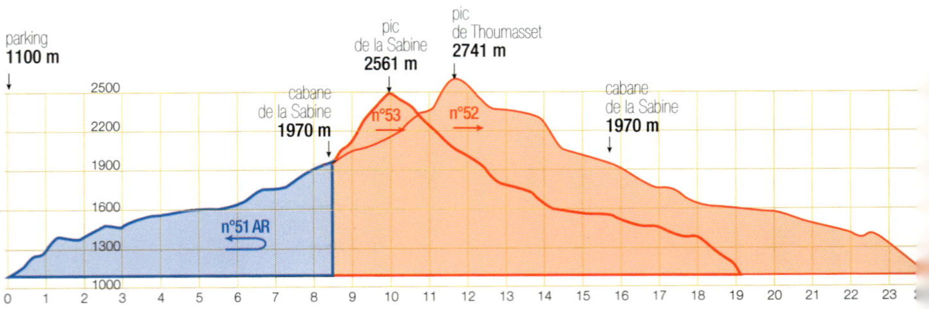

## 53 : Pic de la Sabine

**3h50 > De la cabane de la Sabine** (1970 m). Monter HS au NO jusqu'à parvenir à l'…

**4h10 > Étang de la Sabine d'en bas** (2050 m). Le contourner par la gauche et gravir l'immense couloir herbeux au N, jusqu'à prendre pied sur un…

**5h10 > Col** (2430 m). Poursuivre l'ascension sur la croupe à gauche, jusqu'au…

**5h30 > Pic de la Sabine** (2561 m). Une cime qui caractérise bien l'Aston et son espace encore très sauvage. Revenir au col (2430 m). Poursuivre vers l'E et basculer dans un vallon qui s'ouvre au SE. Longer les falaises et, dès que possible, remonter à gauche sur un…

**6h00 > Collet** (2268 m). Découvrir un étang. Basculer dans ce vallon en longeant les falaises de gauche, dans l'herbe, puis en se jouant du relief, jusqu'à atteindre le plus haut des deux…

**6h30 > Étangs de Carau** (2060 m). Le contourner par la droite et descendre dans le goulet, rive gauche du torrent qui s'en écoule, sur un bon sentier. Laisser à droite le deuxième étang et s'abaisser rive gauche jusque vers 1800 m. L'itinéraire, peu marqué, remonte alors de quelques mètres à gauche (N). Il devient mieux marqué et cairné, sur une large terrasse herbeuse suspendue, venant dominer un aven. Parvenue à hauteur du replat de Quioulès, la sente y descend en plusieurs lacets. Traverser HS le replat et franchir l'…

**7h30 > Antique passerelle** (1600 m) où l'on retrouve le chemin de l'aller à suivre à gauche jusqu'au…

**9h20 > Parking.**

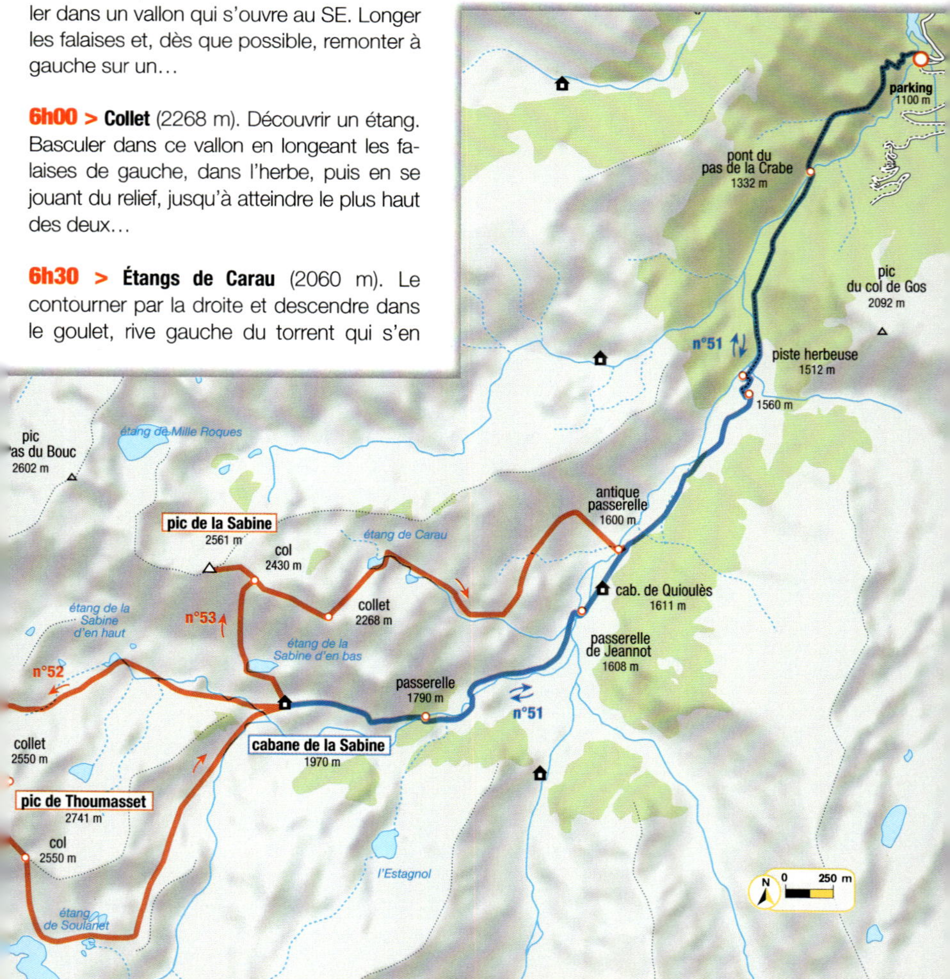

Étang Noir de Cabaillère.

Plat des Peyres

# 54 Pic de Cabaillère 2555 m

## par les étangs de Cabaillère et de Mirabail

**4h40 - 10 km - 900 m+**

**54.** Itinéraire le plus souvent sur sente ; rarement HS. Orientation assez facile.

**Balisage :** Jaune de la passerelle de la Coume de Varilhes au parking.

**Accès :** Les Cabannes > Aston > Dans ce village éparpillé, suivre « Gîtes du pas de l'Ours » puis « refuge du Rulhe ». Dépasser le barrage de Riète, puis celui de Laparan et poursuivre jusqu'au terminus de la route.

**Départ :** Parking du Plat des Peyres, 23 km au S de Les Cabannes.

**Carte :** IGN TOP25 2148 OT

**Cabane** du Plat des Peyres, au départ.

***Le plateau lacustre de Cabaillère s'étage en plusieurs miroirs que le pic du même nom révèle dans toute leur splendeur. Ne manquez pas non plus ceux de la Peyre, de Mirabail, de la Coume de Varilhes ou de Fontargente, visibles au loin.***

**0h00 > Du parking** (1699 m), descendre franchir la passerelle et gravir en face la petite butte, HS. Continuer (O) sur cette croupe herbeuse où l'on aperçoit bientôt des cairns. La sente apparait. Elle monte très sec, bien marquée, mais invisible du bas. Elle bascule dans le couloir herbeux à gauche où elle se hisse sans concession. Elle glisse ensuite sous des dalles qu'elle contourne à gauche avant de les longer vers le haut.

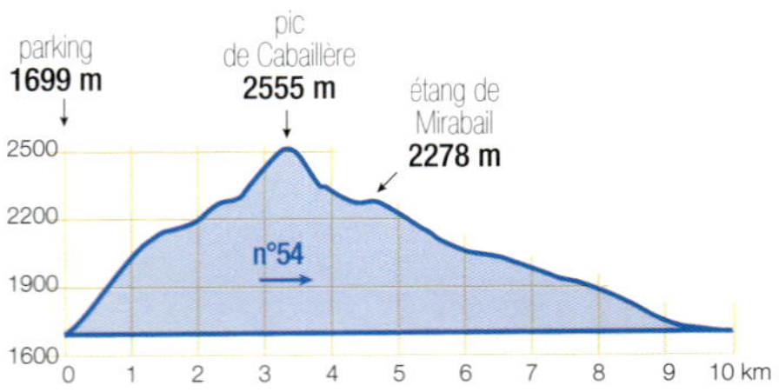

**0h45 > Le terrain se couche un moment** (1950 m), la sente passe un collet, longe le torrent et gagne un…

**1h15 > Abri sous roche** (2150 m), d'où l'on peut aller admirer, par un bref aller-retour au NO, le premier étang de Cabaillère. Le pic et le col sont visibles au loin. Poursuivre sur une vague sente en courbe de niveau vers l'O en direction d'un collet derrière lequel apparaît un grand plat (2182 m). Le parcourir sur la gauche pour retrouver la sente qui file en direction d'une falaise encadrée de couloirs herbeux. La longer à gauche, tout en s'élevant. Arriver à une…

**1h40 > Flaque poissonneuse** (2260 m) et une intersection peu marquée. Laisser filer au SO des cairns menant aussi au pic pour remonter la sente à l'O qui s'élève, en 30 m, jusqu'à un collet d'où sourdent les eaux de l'…

**1h45 > Étang Noir de Cabaillère** (2272 m). La sente le contourne par la droite, s'élève progressivement, passe un collet puis grimpe dans un petit vallon au SO (cairns). Déboucher sur un…

**2h25 > Grand replat herbeux** (2460 m), épaulement de la crête N du pic. Poursuivre HS sur cette croupe, vers le S, jusqu'au….

**2h40 > Pic de Cabaillère** (2555 m). Vue plongeante sur le longiligne étang de Mirabail, l'imposante Coume d'Enfer, l'austère pic de Rulhe… Redescendre par la sente à l'O, qui dévale bientôt dans le versant S où elle effectue de nombreux lacets réguliers. Plus bas, elle vire à gauche dans la pente juste devant une avancée sur un promontoire (2450 m), traverse et continue les lacets pour arriver sur un…

**3h00 > Collet** (2350 m). Suivre le bon sentier qui descend à droite, longe par la gauche (sur la croupe ou sur la rive) un premier étang et parvient à l'…

**3h15 > Étang de Mirabail** (2278 m). Continuer au SO, sur le sentier qui bascule dans le vallon d'écoulement des eaux dont on enjambe le torrent avant de filer dans le travers. Plus bas, la sente s'efface. Gagner, HS droit dans la pente, le…

**3h35 > Fond de la vallée** (2080 m). La redescendre longuement sur le bord gauche, passant un abri sous roche puis un orri, jusqu'à prendre pied sur le…

**4h15 > Sentier balisé en jaune** (1870 m) venant à droite des étangs de Fontargente. Persévérer dans la même direction jusqu'au plat des Peyres que le sentier longe sur la gauche avant d'aller franchir la passerelle de l'aller et remonter au…

**4h40 > Parking.**

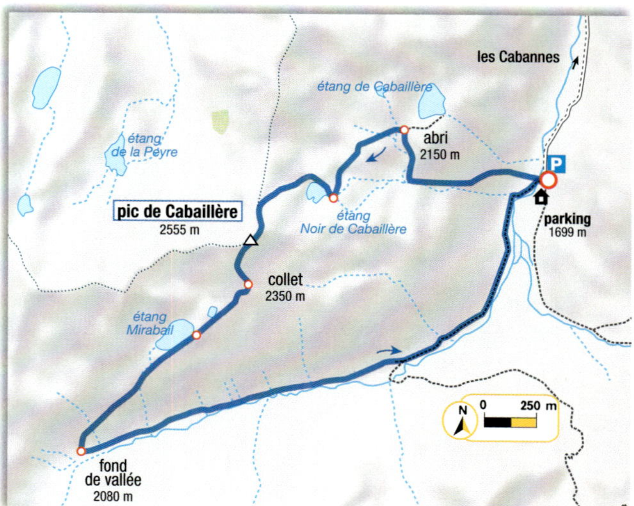

Sommet double de Mil Menut.

Plat des Peyres

# 55 Pic de Ransol 2731 m
# 56 Pic de Mil Menut 2784 m

**55** 5h15 - 14 km - 1050 m+

**56** 6h50 - 17 km - 1300 m+

**55.** Itinéraire en partie HS, à l'orientation facile mais sur un terrain raide exigeant un pied sûr. Temps sec impératif.
**56.** Itinéraire HS sur pentes raides et éboulis. Orientation facile.

**Balisage :** Jaune jusqu'à la passerelle de la Coume de Varilhes puis hors balisage.

**Accès :** Les Cabannes > Aston > Dans ce village éparpillé, suivre « Gîtes du pas de l'Ours » puis « refuge du Rulhe ». Dépasser le barrage de Riète, puis celui de Laparan et poursuivre jusqu'au terminus de la route.

**Départ :** Parking du Plat des Peyres, 23 km au S de Les Cabannes.

**Carte :** IGN TOP25 2148 OT

**Cabanes** du Plat des Peyres, au départ.

***Frontaliers avec l'Andorre, les pics de Ransol et Mil Menut offrent une ascension variée, depuis les prairies herbeuses jusqu'aux cimes minérales, empruntant les itinéraires des pâtres d'antan. Autant de moments qui permettent d'apprécier la diversité de l'Aston, et de scruter celle de l'Andorre.***

## 55 : Pic de Ransol

**0h00 > Du parking** (1699 m), descendre franchir la passerelle et suivre le sentier balisé qui longe tout le plat des Peyres par la droite, avant de s'engager dans la vallée de la Coume de Varilhes jusqu'à une…

**0h40 > Intersection peu marquée** (1850 m). Le sentier de gauche rejoint, à 100 m, une passerelle. Le nôtre, à droite, cairné, poursuit sa remontée, au pied du flanc droit, jusqu'au…

**1h25 > Fond de la vallée** (2080 m). Remonter à droite dans la soulane, pleine pente, en visant des blocs. Trouver alors une vague sente traversant en continuelle ascendance vers le NE, franchissant la rupture de pente et s'approchant du…

**1h50 > Torrent** (2240 m). Ne pas poursuivre vers le NE, sur le sentier menant au très bel étang de Mirabail, mais repartir à revers vers l'O, sur une autre sente. Franchir un ressaut qui nous dépose à la…

**2h00 > Cabane de Mirabail** (2315 m), fermée. Poursuivre en légère ascendance vers le SO jusqu'à rallier le…

**2h05 > Col** (2352 m), reliant les vallées de Coume d'Ose et Coume de Varilhes. Poursuivre sur la crête au S, sans se laisser attirer par une sente dans le flanc droit. Les cairns tricotent légèrement autour du fil. Éviter une éminence (2522 m) par la droite, redescendre sur un collet avant de remonter la dernière pente, herbeuse et raide, jusque sous les derniers mètres de la muraille sommitale. Obliquer alors à droite pour passer une épaule herbeuse, puis emprunter une vire engazonnée horizontale vers l'O jusqu'à prendre pied sur la crête sommitale qu'il suffit de suivre à gauche, escaladant des blocs sans difficulté tel un grand escalier, jusqu'au…

**3h00 > Pic de Ransol** (2731 m). Vues sur les cimes andorranes, mais également le Rulhe, la Coume d'Enfer, le pic de Serrère… Retour par le même itinéraire au…

**5h15 > Parking.**

## 56 : Pic de Mil Menut

**3h00 > Du pic de Ransol** (2731 m). Suivre la crête à l'O, remonter sur un sommet intermédiaire (2776 m), puis descendre dans la pierraille sur le large col de Coume d'Ose (2652 m). Gravir en face la pente menant au pic E de Mil Menut (2778 m) et marcher jusqu'au…

**3h55 > Pic O de Mil Menut** (2784 m), son cairn imposant et sa vue sur tout le massif de l'Aston, et bien au-delà. Revenir au premier sommet et pousser jusqu'au moment où la crête s'oriente à droite. La quitter alors pour basculer dans la face N (cairns). Passer d'abord à droite pour négocier au mieux des dalles et des courts ressauts sur ce terrain raide. Plus bas, perdre de l'altitude en visant le col sur un terrain alternant pierraille et herbe.

**4h30 > Col de l'Homme Mort** (2526 m). Basculer dans le vallon à l'E en suivant des cairns. Plus bas, au moment où l'on entrevoit une rupture de pente (2450 m), remarquer des cairns à droite. Le sentier file alors en courbe de niveau, va passer en contre-haut d'un ravin alors que le col de Coume d'Ose nous domine. Puis il s'efface mais les cairns se poursuivent plus ou moins en courbe de niveau dans les blocs jusqu'à gagner le…

**5h20 > Col de l'aller** (2352 m). Basculer à l'E, dans le thalweg le plus à droite. Trouver une sente de brebis qui plonge dedans puis arpente le fil de l'éperon qui le borde à gauche. Plus bas, la quitter pour dévaler pleine pente et rejoindre le…

**5h45 > Fond de la vallée** (2080 m) de l'aller. Retour par le même itinéraire au…

**6h50 > Parking.**

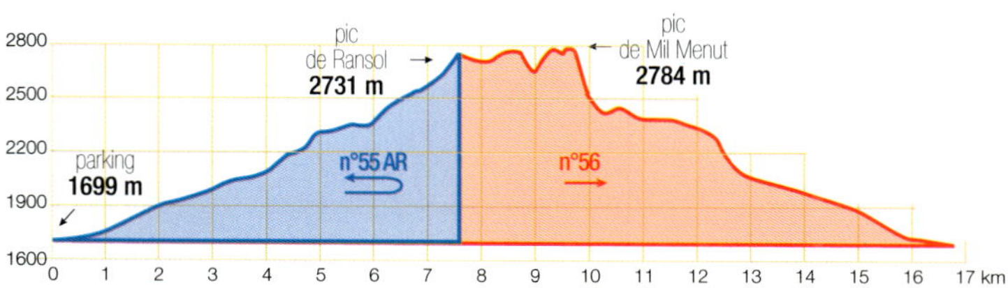


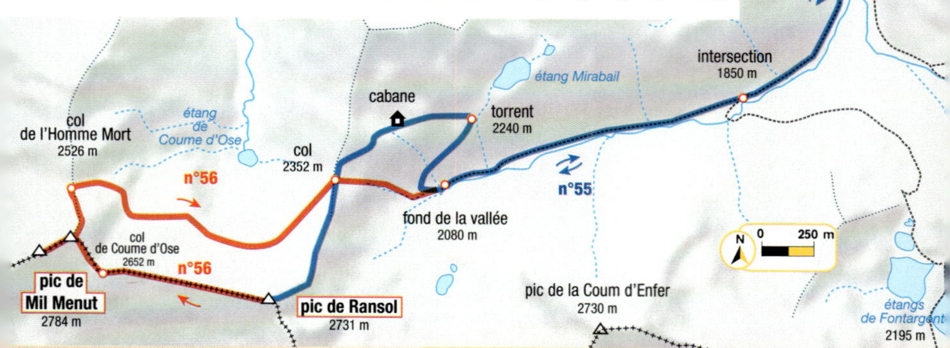

Vue imprenable sur l'estany de l'Isla.

Plat des Peyres

# 57 Pic de la Coume d'Enfer 2730 m

**6h - 13 km - 1150 m+**

**57.** Itinéraire en partie HS, sur un terrain parfois malcommode, demandant un peu de lecture de paysage. Orientation assez facile.

**Balisage :** Jaune jusqu'à la passerelle de la Coume de Varilhes. Blanc et rouge du port au lac de Fontargente. Puis jaune jusqu'au parking.

**Accès :** Les Cabannes > Aston > Dans ce village éparpillé, suivre « Gîtes du pas de l'Ours » puis « refuge du Rulhe ». Dépasser le barrage de Riète, puis celui de Laparan et poursuivre jusqu'au terminus de la route.

**Départ :** Parking du Plat des Peyres, 23 km au S de Les Cabannes.

**Carte :** IGN TOP25 2148 OT

**Cabanes** du Plat des Peyres, au départ.

***Le paisible étang de la Coume de Varilhes, discrètement posé au fond d'une longue vallée peu courue, contraste avec les étendues argentées de ceux de Fontargente. Les joignant, la facile ligne de crête, s'étirant du pic de la Coume d'Enfer au port de Fontargente, en révèle toute la beauté lors d'un itinéraire suspendu dans les airs, entre France et Andorre.***

**0h00 > Du parking** (1699 m), la Coume d'Enfer s'élève massivement au SO, mais l'itinéraire n'est pas direct. Descendre franchir la passerelle et suivre le sentier balisé qui longe tout le plat des Peyres par la droite, avant de s'engager dans la vallée de la Coume de Varilhes jusqu'à une…

**0h40 > Intersection peu marquée** (1850 m). Le sentier de gauche rejoint, à 100 m, une passerelle. Le nôtre, à droite, cairné, poursuit sa remontée, au pied du flanc droit, jusqu'au…

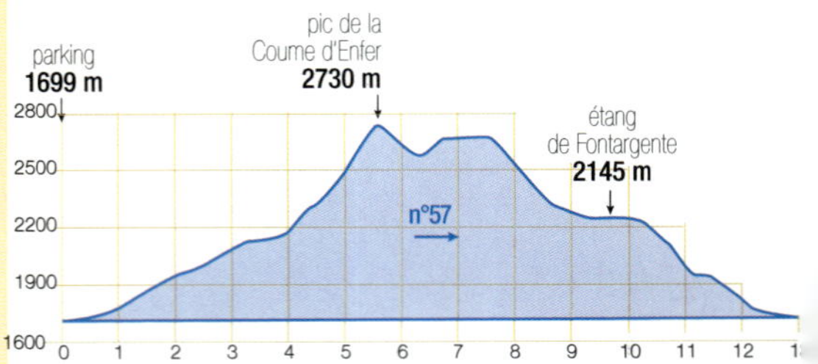

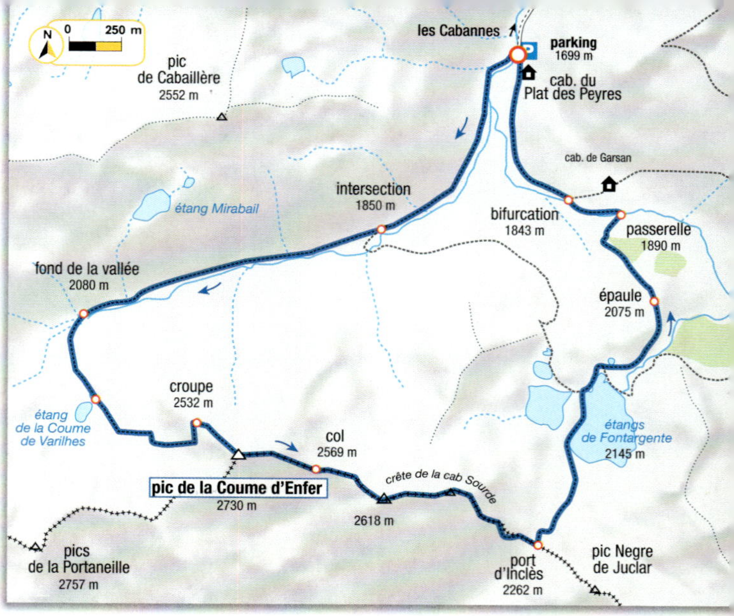


**1h25 > Fond de la vallée** (2080 m). S'élever alors, en suivant les cairns, rive gauche du torrent descendant du vallon au S et parvenir sur un plateau bosselé encombré d'un pierrier. Appuyer à gauche pour l'éviter et découvrir le petit…

**1h45 > Étang de la Coume de Varilhes** (2197 m). Le contourner par le N et s'élever sur le versant gauche, herbeux (cairns), du thalweg au SE, en visant un collet. Le vallon s'oriente ensuite à l'E et parvient dans un cirque. Persévérer à l'E en direction d'une lointaine brèche (que l'on n'atteindra pas), juste sous le pic visé. L'herbe laisse place à la pierraille. La pente se redresse et devient parfois malcommode. Dépasser des barres sur le versant de gauche puis venir les surmonter à revers avant de s'élever au N dans la pente. Prendre pied sur la large…

**2h40 > Croupe** (2532 m). La suivre au SE jusqu'à une antécime dominant la brèche précédemment visée. Continuer sur la crête horizontale jusqu'au…

**3h10 > Pic de la Coume d'Enfer** (2730 m), ou pic d'Anrodat. Vue sur l'étang éponyme et son île, et sur les lacs de Fontargente. Entamer la descente à l'E dans le large versant (cairns), jusqu'à un…

**3h20 > Col** (2569 m). Poursuivre sur la crête, en évitant un premier ressaut par la gauche, sur une étroite vire, et atteindre le col d'Anrodat (2554 m). Persévérer versant S avant de remonter rudement sur la…

**3h30 > Crête de la Cabane Sourde** (2618 m). Elle est aisée jusqu'au prochain sommet (2595 m), dominant les magnifiques étangs de Fontargente. Toujours sur la crête, descendre vers une brèche et une proue de pierre à éviter par la droite. Arriver sur un…

**4h00 > Replat herbeux** (2465 m). S'avancer à l'E en direction du port d'Inclès pour plonger dans le couloir herbeux, raide sur 20 m. Gagner un promontoire (2400 m). Partir vers le S, dans une nouvelle cheminée herbeuse, en direction d'un petit pierrier. Le traverser et viser un gros cairn (HS dans l'herbe) qui domine le port. Rallier le…

**4h20 > Port d'Inclès ou de Fontargente** (2262 m). Descendre sur le GR T66 au N. Il passe devant un abri, puis un ruisselet, avant de longer par la gauche le plus grand des…

**4h35 > Étangs de Fontargente** (2145 m). À son extrémité N, abandonner le GR poursuivant sur la rive, pour emprunter, à l'E, le sentier balisé en jaune. Bientôt en courbe de niveau dans le flanc de gauche, il traverse au N, atteint une épaule et bascule dans la pente. Plus bas, il vire à droite pour aller franchir une…

**5h30 > Passerelle** (1890 m). Poursuivre en rive droite, puis ignorer le sentier qui monte à droite vers le refuge du Rulhe pour descendre au plat des Peyres et parvenir au…

**6h00 > Parking.**

Bassin lacustre de Fontargente

Pause à la cabane de Garsan.

Plat des Peyres

# 58 Étangs de Fontargente *2145 m*

**3h - 8 km - 500 m+**

**58.** Randonnée facile et évidente sur sentiers balisés.

**Balisage :** Jaune.

**Accès :** Les Cabannes > Aston > Dans ce village éparpillé, suivre « Gîtes du pas de l'Ours » puis « refuge du Rulhe ». Dépasser le barrage de Riète, puis celui de Laparan et poursuivre jusqu'au terminus de la route.

**Départ :** Parking du Plat des Peyres, 23 km au S de Les Cabannes.

**Carte :** IGN TOP25 2148 OT

**Cabanes** du Plat des Peyres, au départ, et de Garsan.

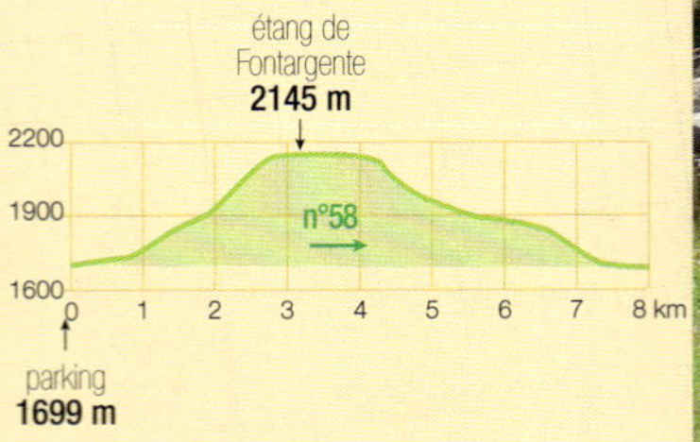

***La petite route remontant toute l'étroite vallée d'Aston, jusqu'au plat des Peyres, permet d'accéder rapidement à la haute montagne ariégeoise. La boucle des étangs de Fontargente est une des randonnées les plus belles et faciles de ce guide. Quel bonheur de venir côtoyer les larges berges engazonnées de ces vastes étendues d'eau. C'est aussi un lieu idéal de bivouac avant de prolonger vers le pic Nègre de Joclar.***

**0h00 > Du parking** (1699 m), emprunter le sentier balisé en jaune qui passe à gauche de la cabane. Il se balade tranquillement en fond de vallée, jusqu'au bout du plat des Peyres. Puis, il grimpe en écharpe à gauche, rive droite du torrent. À une…

**0h30 > Bifurcation** (1843 m), prendre à droite vers les « étangs de Fontargente ». Franchir bientôt le ruisseau par une passerelle métallique pour emprunter de suite le sentier de droite. Prendre progressivement de l'altitude et gagner une…

**1h10 > Épaule** (2075 m). Sur l'autre versant de la montagne, apparait le refuge du Rulhe. Encore une petite montée, puis c'est tranquillement que l'on découvre les berges engazonnées et riantes du plus vaste...

**1h30 > Étang de Fontargente** (2145 m). Contourner le lac par la droite, laisser poursuivre à gauche, le long du lac, le sentier du GR T66, pour rejoindre rapidement la pointe d'un deuxième étang. Longer peu après un troisième étang plus modeste, puis un quatrième, ressemblant plus à une grosse flaque. Descendre un ressaut en quelques lacets, puis tout le flanc de la montagne, en écharpe à gauche, pour atteindre le fond de vallée. Emprunter la…

**2h25 > Passerelle de la Coume de Varilhes** (1867 m) et s'abaisser, flanc gauche de la vallée. Franchir des pelouses humides dans un parterre de gros blocs et traverser la passerelle du…

**3h00 > Parking.**

Ambiance bon enfant aux étangs

Étang de Joclar et pic de Rulhe.

Plat des Peyres

# 59 Pic Nègre de Joclar 2627 m

**6h - 13 km - 1050 m+**

**59.** Itinéraire en partie HS, sur un terrain malcommode requérant une bonne lecture de paysage. Présence de pentes herbeuses raides à éviter par temps humide. Pose d'une main sur un court passage.

**Balisage :** Jaune ou blanc et rouge sur les parties basses, hors balisage pour le pic.

**Accès :** Les Cabannes > Aston > Dans ce village éparpillé, suivre « Gîtes du pas de l'Ours » puis « refuge du Rulhe ». Dépasser le barrage de Riète, puis celui de Laparan et poursuivre jusqu'au terminus de la route.

**Départ :** Parking du Plat des Peyres, 23 km au S de Les Cabannes.

**Carte :** IGN TOP25 2148 OT

**Cabanes** du Plat des Peyres, au départ, et de Garsan.

**Attention** de part et d'autre de la crête frontalière, plusieurs sommets, ports et étangs portent des noms similaires : pic Nègre ou étang de Joclar, pic ou étang de Fontargente.

***L'ascension du pic Nègre de Joclar, positionné au cœur d'un vaste bassin lacustre vous permet d'en découvrir les différents joyaux. D'abord le long des berges, puis à partir d'une éminente situation qui embrasse nombre des étendues azurées.***

**0h00 > Du parking** (1699 m), emprunter le sentier balisé en jaune qui passe à gauche de la cabane. Il se balade tranquillement en fond de vallée, jusqu'au bout du plat des Peyres. Puis il grimpe en écharpe à gauche, rive droite du torrent. À une…

**0h30 > Bifurcation** (1843 m), prendre à droite vers les « étangs de Fontargente». Franchir bientôt le ruisseau par une passerelle métallique pour emprunter de suite le sentier de droite. Prendre progressivement de l'altitude et gagner une épaule (2075 m). Sur l'autre versant de la montagne, apparait le refuge du Rulhe. Encore une petite montée, puis c'est tranquillement que l'on découvre les berges engazonnées et riantes du plus vaste...

**1h30 > Étangs de Fontargente** (2145 m). Contourner le lac par la droite sur le sentier qui longe la rive puis s'élève au S en direction du port de Fontargente ou d'Incles. Peu après un…

**2h05 > Replat encombré de blocs** (2200 m), avant d'entamer la dernière pente herbeuse, quitter le sentier et s'engager dans le vallon qui s'ouvre à l'E. En louvoyant dans un terrain malcommode, HS, gagner une…

**2h35 > Échancrure** (2300 m), avec un cairn en évidence. Derrière, traverser dans l'herbe le pan de gauche, puis s'y élever progressivement pour passer sous des falaises, en limite supérieure d'un éboulis. Gagner à l'E un…

**3h20 > Col herbeux** (2580 m). Monter, en suivant la crête au SE, au…

**3h30 > Pic de la Pala de sobre l'Estany** (2626 m). Vue, versant andorran, sur les étangs de Juclar et leur refuge. Revenir au col et persévérer sur la crête, en évitant les difficultés par la gauche et en posant une main. Atteindre un col (2547 m) et remonter la pente herbeuse en face jusqu'à un collet précédant le…

**4h00 > Pic Nègre de Joclar** (2627 m). Vue plongeante sur les étangs de Fontargente, tandis que la face O du Rulhe impose sa verticalité. Poursuivre la crête à l'E, légèrement versant gauche, jusqu'au…

**4h10 > Pic oriental** (2612 m). Magnifique vue sur les étangs en contrebas. Revenir au col précédant le sommet, et basculer dans le couloir herbeux soutenu qui file au S. Sans atteindre le fond du vallon encombré d'un pierrier, s'abaisser ensuite sur son bord gauche jusqu'à l'…

**4h35 > Étang de Joclar** (2327 m). Le contourner par la gauche pour prendre pied sur le GR T68. Le suivre à gauche, s'abaissant dans le talweg au N. Descendre en lacets serrés à l'Estagnol (2122 m), puis passer à droite d'un petit estagnet pour arriver à la…

**5h10 > Jonction avec le GR T66** (2099 m). Ne pas franchir le ruisseau, mais rester rive droite, en direction du refuge. Une minute après, laisser remonter un peu le GR à droite pour poursuivre tout droit la descente, par un petit sentier anciennement balisé en jaune. En contre-haut du torrent et des plats humides, il conduit à la cabane de Garsan, à la bifurcation de l'aller, puis au…

**6h00 > Parking.**

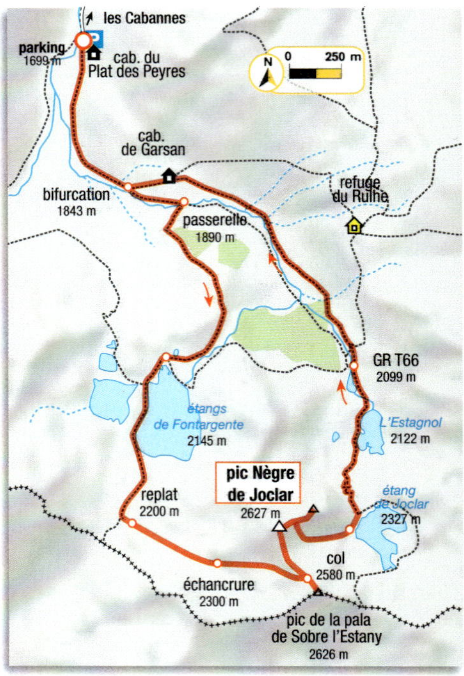

Plat des Peyres

# 60 Refuge du Rulhe 2185 m
# 61 Pic du Rulhe 2783 m 1 ou 2 jours
# 62 Boucle du pic du Rulhe 2783 m 1 ou 2 jours

**60** 2h30 - 7 km - 500 m+ | **61** 5h30 - 13 km - 1100 m+ | **62** 6h - 14 km - 1150 m+

**60.** Itinéraire sur sentier évident.
**61.** Itinéraire en partie HS mais à l'orientation aisée par bonne visibilité. Fin dans un couloir un peu croulant. Possibilité de névés très raides jusqu'en début d'été.
**62.** Itinéraire en partie HS, demandant sens de l'orientation et bonne visibilité. Couloir herbeux très raide en descente. À ne pas faire par temps humide. Possibilité de névés très raides jusqu'en début d'été.

**Balisage :** Jaune pour le refuge, blanc et rouge jusqu'au col des Calmettes, hors balisage pour le pic.

**Accès :** Les Cabannes > Aston > Dans ce village éparpillé, suivre « Gîtes du pas de l'Ours » puis « refuge du Rulhe ». Dépasser le barrage de Riète, puis celui de Laparan et poursuivre jusqu'au terminus de la route.

**Départ :** Parking du Plat des Peyres, 23 km au sud de Les Cabannes

**Carte :** IGN TOP25 2249 OT

**Refuge** gardé du Rulhe et cabane de Garsan.

***Grâce à une position avancée, le pic de Rulhe est un sommet prometteur, mais étrangement peu fréquenté. Pourtant, le refuge en facilite l'accès qui, même à la journée, reste raisonnable, grâce à un départ élevé. La vue du sommet est bien sûr admirable. Le retour en boucle, quant à lui, assez technique avec une descente dans un grand couloir herbeux bien raide, permet de découvrir de beaux étangs pour se rafraîchir les arpions.***

## 60 : Refuge du Rulhe

**0h00 > Du parking** (1699 m), emprunter le sentier balisé en jaune qui passe à gauche de la cabane. Il se balade tranquillement en fond de vallée, jusqu'au bout du plat des Peyres. Puis il grimpe en écharpe à gauche, rive droite du torrent. À une bifurcation (1843 m), prendre à gauche vers le Rulhe pour rejoindre, peu après, le plat herbeux piqueté de pierres de la…

**0h40 > Cabane de Garsan** (1900 m). Passer à sa droite, abandonner l'axe de la vallée pour rejoindre, à 150 m (balisage jaune), le flanc S. Remonter en écharpe tout le ver-

< Boucle du pic du Rulhe : une descente raide !

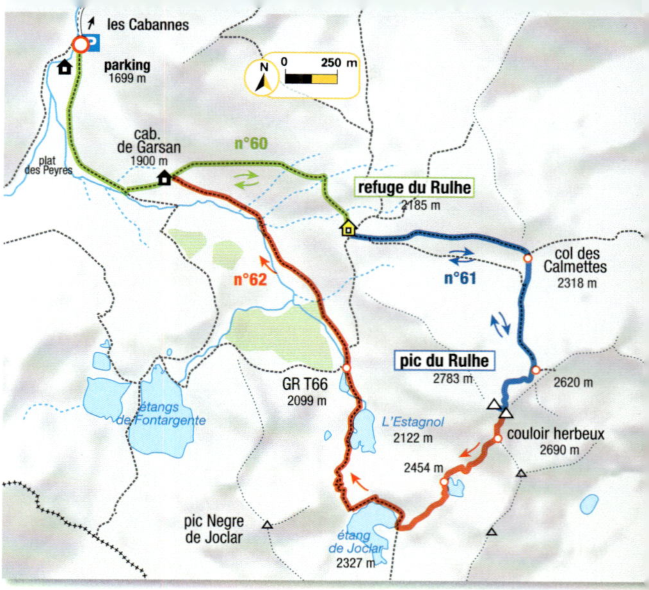


sant, plus raide, en direction du refuge. Le sentier s'assagit, vire à droite après un petit ruisseau et atteint le...

**1h30 > Refuge du Rulhe** (2185 m), carrefour de GR, en bordure du plateau herbeux. Retour par le même itinéraire au...

**2h30 > Parking.**

## 61 : Pic du Rulhe

**1h30 > Passer devant le refuge,** saluer le gardien et poursuivre en direction de Mérens, sur le sentier du GR10 qui s'élève sagement, plein E, jusqu'au...

**2h00 > Col des Calmettes** (2318 m). Abandonner le GR pour rejoindre le vrai col, quelques mètres en contrebas. Suivre alors une sente cairnée qui grimpe vers le S, entre les blocs de l'ancienne moraine. Intercepter rapidement un petit sentier venant de droite - *Il s'agit d'une variante arrivant plus directement du refuge, mais moins confortable à suivre*. Une grimpette franche, puis une petite crête morainique mènent au pied de rognons rocheux. Les longer par la gauche, franchir un petit éboulis et remonter le couloir herbeux principal par le sentier en lacets.

**2h45 > Vers 2620 m,** ignorer le petit sentier qui rejoint, 50 m à gauche, la porteille de Rulhe, et quitter le couloir, de moins en moins fréquentable, par une banquette herbeuse à droite. Admirer le large panorama, grimper de 25 m et, par une traversée horizontale d'une centaine de mètres, atteindre un large couloir pierreux. Un peu malcommode, le remonter au mieux en faisant attention aux pierres. Atteindre la crête sommitale et, juste à l'O, par quelques blocs rocheux, la pointe occidentale du...

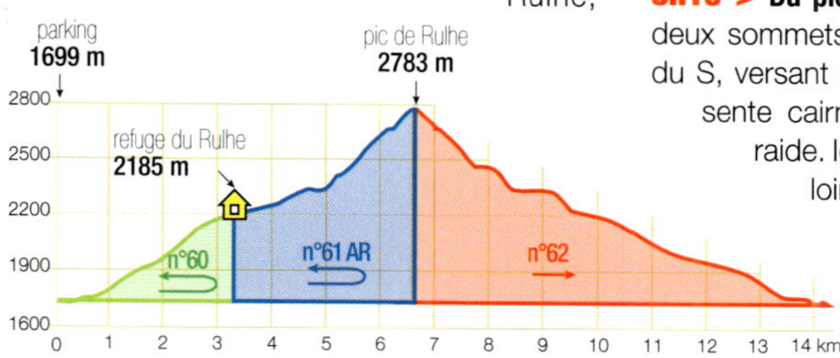


**3h15 > Pic de Rulhe** (2783 m), dominant tout le chemin parcouru. Se rendre, de même, à la pointe orientale. Revenir ensuite entre les deux sommets pour redescendre, par le même itinéraire, au refuge, puis au...

**5h30 > Parking.**

## 62 : Boucle du pic du Rulhe

**3h15 > Du pic du Rulhe,** revenir entre les deux sommets et descendre en direction du S, versant O de l'arête, par une petite sente cairnée, dans un terrain assez raide. Ignorer le premier grand couloir à droite. Contourner par le flanc E un petit gendarme noir et continuer, dans la même direction, sur une cinquantaine de mètres. Descendre, versant SO, le…

**3h30 > Bien raide couloir herbeux** (2690 m), en faisant attention à quelques pierres instables (prudence). Dès que le couloir s'évase, s'échapper de l'axe principal pour les pelouses de gauche, puis les éboulis. Atteindre un petit plat rempli d'éboulis puis le…

**3h55 > Petit estany supérieur de Joclar** (2454 m), prisonnier de sa cuvette. Le contourner par la droite (O) et suivre un corridor vers le SO (vague sente) pour descendre à l'…

**4h15 > Étang de Joclar** (2327 m). Attraper le sentier du GRT 68, balisé en blanc et rouge qui contourne le lac par le N, puis, au pied du versant abrupt du pic Nègre de Joclar, bascule au N dans des éboulis. Descendre en lacets serrés à l'Estagnol (2122 m), puis passer à droite d'un petit estagnet pour arriver à la…

**5h00 > Jonction avec le GR T66** (2099 m). Ne pas franchir le ruisseau, mais rester rive droite, en direction du refuge. Une minute après, laisser remonter un peu le GR à droite pour poursuivre tout droit la descente, par un petit sentier anciennement balisé en jaune. En contre-haut du torrent et des plats humides, il conduit à la cabane de Garsan et au…

**6h00 > Parking.**

Sous l'étang de Joclar. Au loin le refuge du Rulhe.

63/64

Une époque révolue.

Appy

# 63 Cabane et étang d'Appy 1734 m
# 64 Pic Galinat 2115 m

**63** 3h45 - 9 km - 775 m+

**64** 5h45 - 13 km - 1225 m+

**63.** Randonnée sur sentier balisé.
**64.** Randonnée en partie HS, en crête, à l'orientation évidente, mais avec quelques courts passages aériens où on posera une main.

**Balisage :** Jaune pour l'étang, jaune et rouge et hors balisage pour le pic.

**Accès :** Depuis Les Cabannes centre, monter en lacets à la « Route des Corniches ». La suivre à droite vers Senconac, Caychax, puis Appy. Depuis Ax, se rendre à Luzenac, puis Vernaux, Lordat, Axiat et enfin Appy. Une petite ruelle monte au parking surplombant le village. Bien se serrer.

**Départ :** Appy, 17 km au NO d'Ax-les-Thermes ou 11 km à l'E de Les Cabannes.

**Carte :** IGN TOP25 2148 ET

**Cabane** de l'étang d'Appy.

***Au pays des soulanes… Le soleil est roi et les arbres sont rares ! On viendra donc parcourir cette belle randonnée soit à contre-saison, soit l'été avec un départ très matinal. Il n'est pas rare d'ailleurs de la parcourir en février à pied sec, ou avec peu de neige. Le pic Galinat, dominant l'étang, requiert, quant à lui, un peu plus d'expérience et d'effort, mais il parachève superbement une belle journée montagnarde avec de magnifiques panoramas.***

**63 : Cabane et étang d'Appy**

**0h00 > Du parking** (985 m), emprunter le portillon et suivre un large sentier, d'abord herbeux puis pierreux. Sortir d'un petit bois et laisser filer à gauche le sentier du rocher d'escalade, bien visible. Rejoindre un…

**0h35 > Contrefort secondaire** (1200 m) et poursuivre,

Étang d'Appy, en février.

toujours raide, sur son flanc E, en ignorant des sentes secondaires divergentes. Traverser un petit bois puis passer juste au-dessus d'une ruine. Plus haut, rejoindre un petit replat boisé avec un bien…

**1h35 > Bel hêtre** (1550 m). Virer alors franchement à gauche pour grimper à une petite croupe raide, puis à un épaulement avec un gros rocher. Admirer le très large panorama sur la haute chaîne avant de poursuivre. Le sentier, maintenant en montée douce, bascule flanc O pour mener rapidement aux…

**2h15 > Cabane et étang d'Appy** (1734 m). Retour par le même itinéraire au…

**4h00 > Parking.**

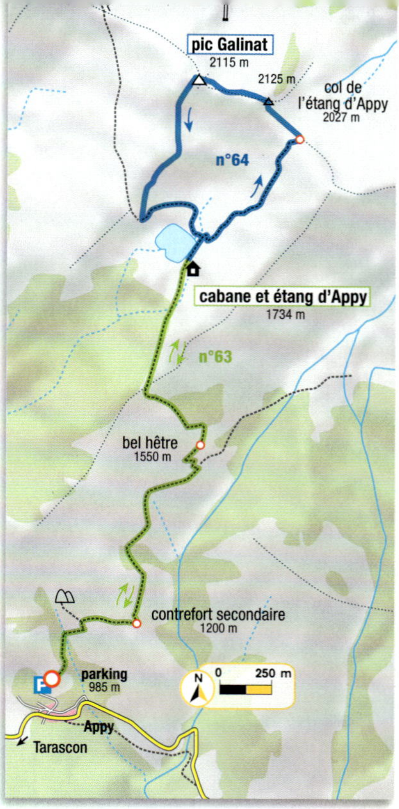


## 64 : Pic Galinat

**2h15 > Longer la rive E** de l'étang d'Appy et, juste après son extrémité, sans franchir le ruisseau, emprunter le bon sentier du tour du Massif de Tabe, balisé en jaune et rouge, qui grimpe en lacets à droite. Passer sous un piton rocheux et poursuivre patiemment la montée jusqu'au…

**3h00 > Col de l'Étang d'Appy** (2027 m). S'élever alors à gauche, par des sentes suivant plus ou moins la crête, jusqu'à un premier sommet (2125 m). Descendre franchir une petite brèche et remonter en face, plus facilement qu'il n'aurait pu paraître. Désescalader, par une sente zigzaguant, les petites dalles faciles du versant sud, pour remonter sans difficulté à l'antenne du…

**3h35 > Pic Galinat** (2115 m). Admirer le panorama sur la basse Ariège et la plaine du Lauraguais, puis descendre dans les pelouses de la crête S du cantère de l'Étang. Vers 1850 m retrouver le sentier du tour du Massif de Tabe qui s'abaisse rapidement, à gauche, vers l'…

**4h15 > Étang d'Appy.** Revenir par l'itinéraire de l'aller au…

**6h00 > Parking.**

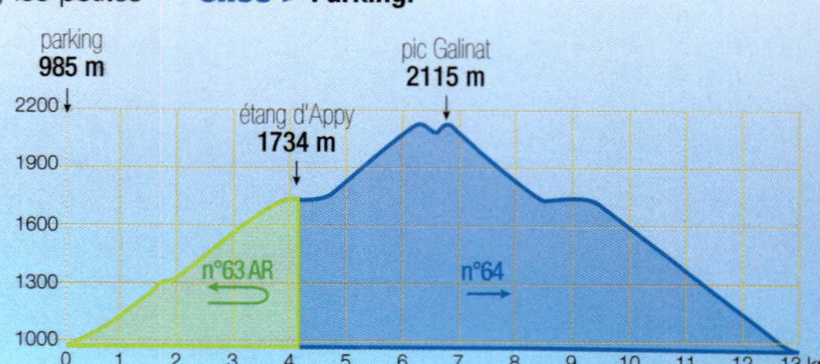

Soulane dorée du pic de Soularac.

La Lauze

# 65 Pics de Soularac et de St-Barthélemy par le versant sud 2368 m

**4h40 - 10 km - 1000 m+**

**65.** Itinéraire sur sentier balisé ou piste, sauf la descente du Saint-Barthélemy, le long de la crête S, HS mais évident.

**Balisage :** Jaune ou jaune et rouge sauf sur la piste.

**Accès :** N20 entre Tarascon et Ax-les-Thermes > Luzenac > Lordat > Prendre la route de la carrière. Au moment où l'on aperçoit au loin les premiers remblais, et devant un bâtiment à gauche (1418 m), remonter (panneau d'accès pics) la piste, à revers à gauche, jusqu'à une intersection où un panneau indique le parking à revers à gauche, sur une piste.

**Départ :** Parking du Sentier du Talc, 23 km au NO d'Ax.

**Carte :** IGN TOP25 2148 ET

***Le massif du Saint-Barthélemy, excentré au nord de la chaîne pyrénéenne, en révèle un immense tronçon depuis le pic du Canigou jusqu'à celui du Midi de Bigorre. Un point de vue d'une exceptionnelle amplitude duquel se livre également la plus vaste carrière de talc à ciel ouvert au monde.***

**0h00 > Du parking** (1565 m), revenir à l'intersection des pistes et emprunter celle qui s'élève au NE. 50 m après la 5e épingle, trouver un panneau et l'amorce du …

**0h10 > Sentier à droite** (1630 m). S'élever parmi les genêts sur le très bon sentier, qui plus haut s'efface parfois. Toutefois, des pierres dressées ou cairns indiquent la direction qui, globalement, court sur la croupe. Parvenir dans un…

**0h45 > Collet** (1860 m), d'où apparaît l'étang de Béseil. Le sentier suit alors le fil, mieux marqué, effectuant parfois les montagnes russes. Un ressaut se franchit directement en posant les mains sur 2 m, ou en le contournant par la droite, dans l'herbe raide. Un peu plus amont, la pente se redresse et les marches se montrent plus hautes, dans un terrain plus minéral (col de Techeyrou). Parvenir sur une…

**1h45 > Jonction** (2256 m) avec l'itinéraire de l'étang Tort (visible à droite). Poursuivre en face (NO). Plus loin, laisser à droite une antécime, traverser un col et éviter l'éminence suivante par la droite. La sente contourne par la gauche, puis remonte à revers au…

**2h05 > Pic de Soularac** (2368 m). Découvrir, au N, la vaste plaine toulousaine et les étangs du Diable et des Truites. Au S, immense vue sur la chaîne frontière, depuis le Canigou jusqu'au pic du Midi de Bigorre distants de 200 km. Reprendre la crête qui file à l'O. Le sentier bascule un moment à droite, puis vient buter devant un ressaut qui s'attaque sur le flanc gauche, par une courte cheminée de 2 m où l'on pose une main. Dès lors, il n'y a plus de difficultés jusqu'au…

**2h20 > Col du Trou de l'Ours** (2215 m) où l'on prend pied sur le GRP. Remonter directement à l'O sur le…

**2h40 > Pic de Saint-Barthélemy** (2348 m). L'un des premiers sommets pyrénéens à avoir été mesuré, en 1700-1701 par Cassini et Maraldi. Descendre au S, d'abord HS, le long de la crête et suivre une sente parfois peu marquée (balisage défaillant), jusqu'à un…

**3h40 > Épaulement** (1740 m). Le sentier bascule à gauche et traverse, en perdant de l'altitude, jusqu'à une zone humide. Il s'efface un peu et continue pratiquement en courbe de niveau pour atteindre le creux du vallon où l'on franchit à gué le…

**4h00 > Torrent de Fontronne** (1680 m). Remonter en face dans un cordon boisé et prendre rapidement pied sur une ancienne piste. En l'empruntant à gauche, tomber sur une…

**4h10 > Piste carrossable** (1741 m). La suivre à droite, passant devant une cabane fermée. Dans le premier virage en épingle, la quitter pour descendre HS à gauche, éviter le parc à bestiaux et poursuivre dans le creux du thalweg jusqu'à retrouver la piste qui ramène au…

**4h40 > Parking.**

Carrière de Trimouns.

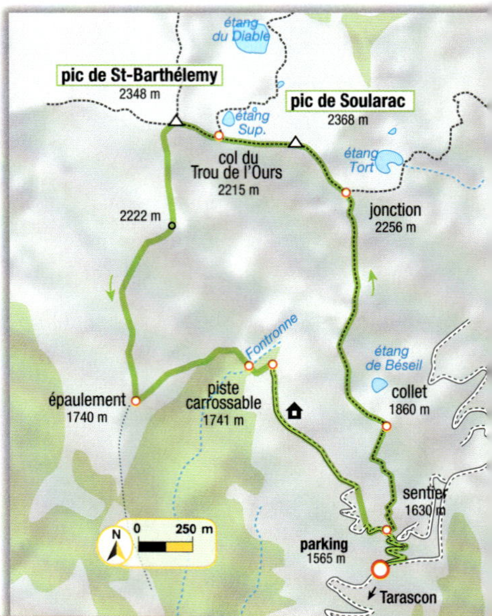

Le Gazeil

Prairie d'altitude des Carmilles.

# 66 Pic d'Espaillat 2263 m

**8h30 - 23 km - 1450 m+**

**66.** Long itinéraire sur sentier plus ou moins marqué, demandant parfois un peu de lecture de paysage pour emprunter le bon tracé. Ne pas négliger les distances.

**Balisage :** Balises artisanales du ruisseau de Tartarols jusqu'à la clairière des Carmilles, puis jaune et rouge du GRP jusqu'au pic d'Espaillat.

**Accès :** N20 entre Tarascon et Ax-les-Thermes > Luzenac > Hameau de Sourtadeil. Continuer sur la piste jusqu'à trouver un singulier pont de pierre à gauche. Se garer là ou 50 m plus loin, sur un plus grand parking.

**Départ :** Parking du Gazeil, 12 km au NO d'Ax et 3 km au S de Luzenac.

**Carte :** IGN TOP25 2148 ET

**Cabanes** des Coumels, de Bretounels, de Boutas et de Sauzet.

***Cet itinéraire est l'occasion d'une grande balade au cœur d'une belle forêt de hêtres puis de pins. Elle termine son ascension sur la lande des croupes débonnaires du pic d'Espaillat. Au passage, de nombreuses cabanes ponctuent l'itinérance laissant, à ceux qui le désirent, le choix de l'endroit où poser son sac pour la nuit.***

**0h00 > Du parking** (860 m), franchir le pont et, de suite après, à l'intersection, prendre à droite le large sentier qui s'élève progressivement dans le flanc (balises orange), jusqu'à venir traverser à gué le…

**1h00 > Petit ruisseau de Tartarols** (1270 m). En 50 m, parvenir à l'orée du bois et à une clôture. Remonter la clairière HS en son centre, pleine pente jusqu'en lisière supérieure (ne pas se laisser attirer vers une seconde clairière qui la jouxte plus à gauche). Retrouver, en pénétrant dans le bois, le sentier qui s'élève dans la hêtraie très propre, appuyant à droite en traversée ascendante avant d'effectuer des lacets marqués. Plus haut, lorsque la pente se couche, ignorer un balisage qui file à droite en courbe de niveau et persévérer pleine pente (autre balisage) pour immédiatement sortir du bois d'où l'on aperçoit la…

**1h45 > Cabane des Coumels** (1526 m). Les balises orange deviennent bleues ou rouges ! Continuer une centaine de mètres sur le sentier qui file sur la croupe au SE, jusqu'à une…

**1h50 > Intersection** (1540 m) dans le bois. Le sentier de gauche, à flanc et meilleur, rejoint en 80 m la source. Poursuivre désormais en ascendance sur la croupe, sur un sentier moins marqué. Il débouche dans un espace plus aéré où il se mêle à de nombreuses sentes de vaches. Parvenir à la grande clairière du replat du …

**2h30 > Pic des Carmilles** (1795 m). À l'E, en contrebas, apercevoir la cabane du Mouscadou vers laquelle descend le GRP. En parcourant au S la clairière, ne pas tarder à prendre pied dessus (bal. jaune et rouge). L'emprunter au S. Il s'immisce à nouveau au milieu des pins, traverse vers la droite et ressort du couvert des arbres face à un orri. Enjamber le ruisselet et suivre une sente qui le longe rive droite jusqu'à la…

**3h00 > Cabane de Bretounels** (1800 m). Sauter à gué le torrent, 30 m en amont de la cabane. Il y a de nombreuses sentes ; prendre celle qui monte le plus, à gauche, longeant dans un premier temps le petit talweg du torrent. Les balises réapparaissent. Le sentier s'élève dans un espace clairsemé de pins, se montrant moins marqué au sol lorsqu'il traverse des zones humides. Ne pas cesser de monter, tranquillement, au milieu des pins. En sortir au niveau d'un…

**3h25 > Bosquet** (1960 m), qu'il convient de bien repérer pour le retour. La sente, peu marquée, part alors à droite (S) en courbe de niveau, jamais loin de la lisière. Le balisage y est moins dense. Parvenir sur un…

**3h40 > Collet** (1981 m). Aller vers la crête à l'E pour y retrouver le large sentier des vaches et le balisage qui pénètre dans un court cordon boisé. Puis il s'élève (S) dans un espace dégagé au-dessus duquel réapparaissent quelques arbres épars. Poursuivre dans la lande afin d'atteindre le…

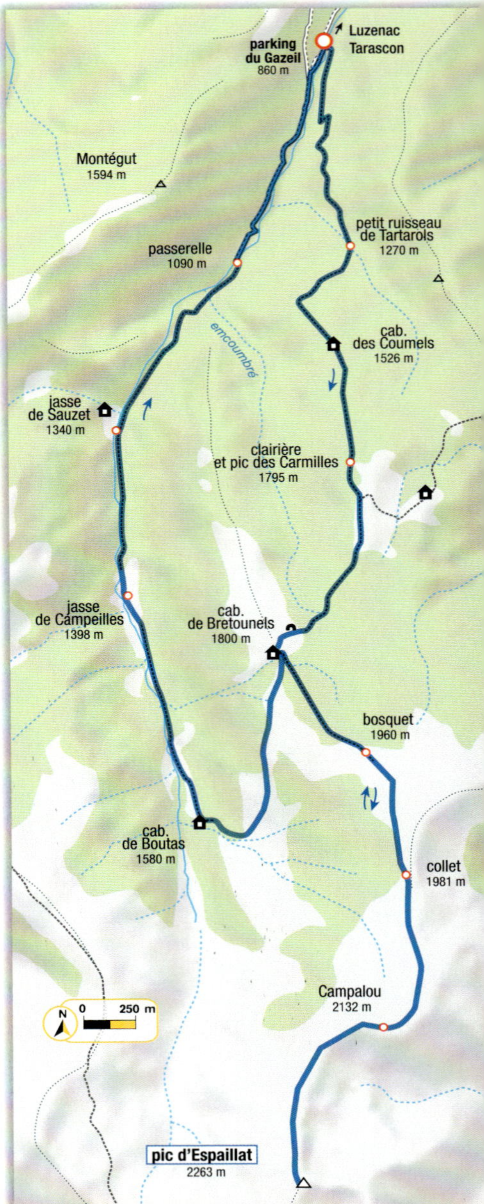

**4h05 > Sommet de Campalou** (2132 m). Suivre désormais la crête (pas toujours bien balisée), d'abord O puis S, sans se laisser attirer par de bonnes sentes filant flanc droit, pour parvenir au…

**4h40 > Pic d'Espaillat** (2263 m). N'hésitez pas à aller à la cime suivante (2276 m), ouvrant un peu plus la vue sur le massif de Tabe, le Rulhe, le superbe étang d'Embizon, les hauts sommets de l'Aston… Revenir par le même itinéraire à la…

**6h00 > Cabane de Bretounels** (1800 m). Mais cette fois, ne pas sauter le torrent, mais partir à revers sur la sente horizontale creusée par les vaches. Bien plus loin, elle descend légèrement, puis plus vite jusqu'à venir à proximité du ruisseau de l'Uscladeille et d'une belle jasse plate (1690 m). Rester rive droite et s'abaisser sur une vague sente, plus ou moins marquée. Plus bas, elle s'éloigne vers la droite, avant de plonger vers la…

**6h35 > Cabane de Boutas** (1580 m), refaite en 2016. Descendre HS le vallon jusqu'à l'extrémité de la clairière où s'amorce, le long du torrent, un bon sentier dans le bois. Plus bas, déboucher dans la grande…

**7h10 > Jasse de Campeilles** (1398 m). La traverser HS et retrouver le sentier rive droite en pénétrant sous le couvert des arbres. Plus bas, s'engager dans une gorge et déboucher dans la …

**7h30 > Jasse de Sauzet** (1340 m). La traverser, rive droite du ruisseau, en ignorant la passerelle menant à la cabane de Sauzet. Franchir une barrière à l'entrée du bois et dévaler le large sentier dallé, plus ou moins loin du torrent, effectuant des lacets dans un bois moussu. Enjamber à gué le torrent de l'Encoumbré venant de droite. Persévérer jusqu'à une…

**8h00 > Passerelle en béton** (1090 m). Descendre la piste, en ignorant les intersections qui font remonter, jusqu'au…

**8h30 > Parking.**

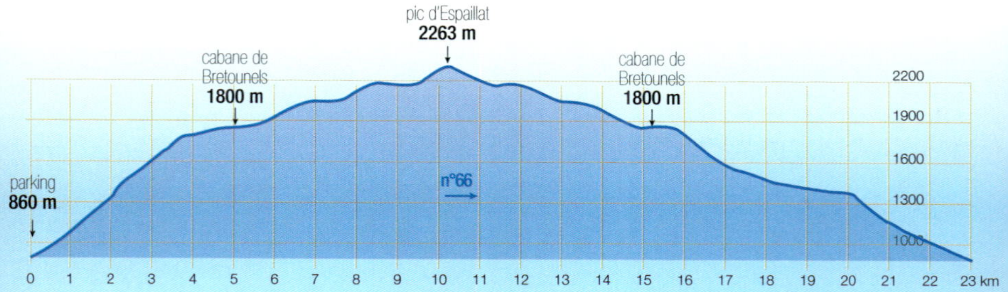

Les courbes molles de l'Espaillat s'opposent à celles plus anguleuses du massif de Tabe.

67/68

Arche de la crête des Isards.

Granges de Savignac

# 67 Pic de Lauzate *2430 m*
# 68 Étang d'Embizon *2086 m*

**67** 9h - 26 km - 1400 m+ **68** 8h30 - 23 km - 1400 m+

**67.** Long itinéraire, le plus souvent sur sentier balisé. La portion qui ne l'est pas ne présente pas de difficulté d'orientation.

**68.** Long Itinéraire le plus souvent HS demandant de bonnes connaissances en orientation.

**Balisage :** Jaune du départ à la cabane de Prat Rodon. Blanc et rouge du col de Belh au col 2300 m.

**Accès :** Tarascon > Luzenac > Savignac-les-Ormeaux ou Ax-les-Thermes > Savignac-les-Ormeaux. S'engager dans la rue longeant la place, puis la gendarmerie par la droite, et traversant un pont. Filer tout droit (passant sous la déviation) et se garer juste après les grands bâtiments et chalets des granges de Savignac, voire pousser 1 km de plus sur la piste, jusqu'au terminus.

**Départ :** Granges de Savignac, 7 km au SO d'Ax.

**Carte :** IGN TOP25 2148 ET et 2249 OT

**Cabanes** des Esquers de dessous, des Esquers de dessus, du Ressec, de Pedarlau, de Prat Rodon et d'Embizon.

***La vallée de Savignac est dotée d'un grand nombre de cabanes et offre de belles prairies en bordure de torrent. Autant d'avantages qui invitent à y séjourner, pour ensuite vagabonder sur la crête des Isards, gravir le belvédère de Lauzate ou arpenter la très sauvage vallée de l'étang d'Embizon.***

## 67 : Pic de Lauzate

**0h00 > Du parking des chalets** (1090 m), remonter la piste jusqu'à son terminus où elle se prolonge par un large sentier parfois dallé et boueux dans les bois. À son extrémité, surmonter une dalle où gît un ancien câble. Le sentier file ensuite rive gauche du torrent et arrive dans la…

**0h50 > Jasse des Esquers de dessous** (1260 m). Laisser la cabane à droite et une passerelle à gauche. Parcourir toute la longue jasse au bout de laquelle retrouver les piquets du balisage pénétrant dans le bois. Le sentier, toujours rive gauche, traverse une clairière (1294 m), dans laquelle il ignore un pont de pierre à gauche. Franchir ensuite un court ressaut boisé et déboucher dans la…

**1h10 > Jasse des Esquers de dessus** (1350 m). Passer devant la cabane et traverser la jasse pour retrouver le couvert forestier. En sortir plus loin, dans une zone où la proximité du torrent est marécageuse. Puis le sentier franchit le torrent au moyen de deux ponts de grosses pierres. Juste avant le premier, ignorer à droite l'amorce d'une sente qui mène à Embizon.

**1h30 > Pont de Ressec** (1409 m). S'élever plus rudement dans un bois de grands hêtres, aéré et propre, pour ne pas tarder à passer devant la cabane du Ressec (1470 m). En poursuivant rive droite, longer un parc à bestiaux puis parvenir à une…

**1h45 > Passerelle** (1490 m), à ignorer. Elle permet de rejoindre la cabane de Pédarlau. Le sentier commence à s'élever dans la pelouse à gauche. Le balisage y est discret et la trace au sol peu marquée. Ne pas se laisser attirer par le goulet de la cascade, mais appuyer à gauche pour surmonter son ressaut en s'élevant d'abord plus rudement dans la pente, avant de revenir vers le torrent. Le longer à nouveau sur le replat des…

**2h10 > Jassettes** (1629 m). À son extrémité, franchir un ressaut, toujours rive droite, puis la pente se couche. Juste après deux bouleaux isolés, le sentier part à gauche sur une croupe. Au-dessus, ne pas chercher à franchir la colline en face, mais monter lentement en passant à sa droite, se rapprochant du torrent. Passer un dévers qui le domine puis déboucher sur un grand replat. Traverser à gué rive gauche et persévérer jusqu'à parvenir à la …

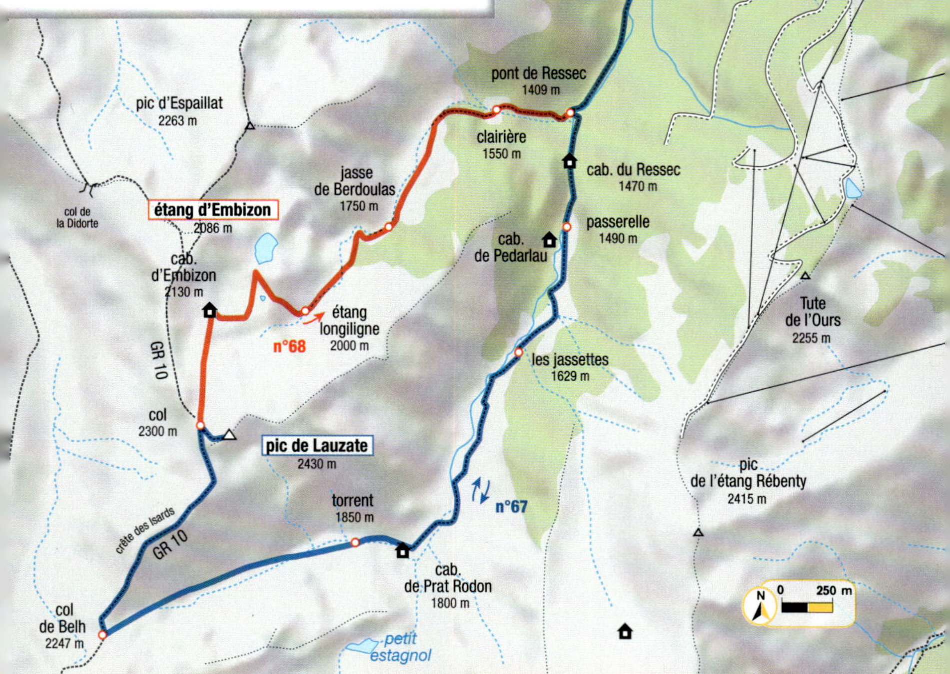

**3h00 > Cabane de Prat Rodon** (1800 m). Remonter HS le vallon à l'O et prendre pied sur une sente de vache à suivre à gauche, jusqu'à franchir, sur un replat, le…

**3h10 > Torrent** (1850 m). Persévérer dans le vallon peu tracé, passant d'abord à gauche d'une butte herbeuse, puis retrouvant la sente. Retraverser le torrent pour longer un ressaut dans le flanc de droite. Les sentes se scindent. Suivre celle qui grimpe le plus. Plus loin, franchir une zone de blocs. Continuer de s'élever HS dans le flanc et retrouver une sente sous les premiers rochers descendant des crêtes. La suivre en continuelle ascendance jusqu'au…

**4h20 > Col de Belh** (2247 m). Prendre pied sur le GR 10, à suivre à droite, sur la Crête des Isards, au milieu de quelques arbres. Quitter la crête devant le pic de la Lauzate pour traverser dans le flanc gauche, franchissant une impressionnante arche de pierre. Juste avant d'atteindre le col (2300 m), se retourner, quitter le GR et remonter sur de vagues sentes la pente herbeuse s'élevant rudement, au SE. Atteindre le…

**5h15 > Pic de Lauzate** (2430 m). Beau belvédère à la commissure de plusieurs vallées lacustres. Revenir par le même itinéraire au…

**9h00 > Parking des chalets.**

## 68 : Étang d'Embizon

**5h10 > Pic de Lauzate** (2430 m). Revenir sur le GR 10, et finir de descendre au…

**5h25 > Col** (2300 m). Y quitter le GR pour basculer sur une sente dans le vallon herbeux qui s'ouvre au N. Plus bas, alors qu'il oblique à droite, continuer tout droit jusqu'à la…

**5h45 > Cabane d'Embizon** (2130 m). Passer devant l'autre construction et rallier le parc à bestiaux à l'E. Descendre alors HS, jusque dans le replat au N, et persévérer en face, remontant sur un collet d'où l'on aperçoit l'…

**5h55 > Étang d'Embizon** (2086 m). Revenir sur ses pas quelques mètres, puis rallier au SE le déversoir (2087 m) de la zone humide. Basculer alors sous le verrou, HS, dans la pente herbeuse, jusqu'à retrouver une sente rive gauche d'un…

**6h05 > Petit étang longiligne** (2000 m). Se laisser guider par les cairns et la sente mieux marquée, filant dans le vallon jusque dans un replat. Tout au bout, traverser le torrent et le laisser filer à gauche pour gagner un cairn en haut d'un étroit corridor à descendre. Plus bas, dominer les flots. Continuer en courbe de niveau pour gagner une dalle rocheuse. S'abaisser le long de sa croupe avant de basculer à droite dans le vallonnet qui s'ouvre, où l'on retrouve le ruisseau. La végétation se densifie, la sente se perd dans une zone humide et il est plus difficile de la suivre. Continuer alors de perdre de l'altitude, jamais loin du ru. Puis, à ses abords, le terrain s'arrange et la sente devient meilleure. Parvenir dans le replat de la…

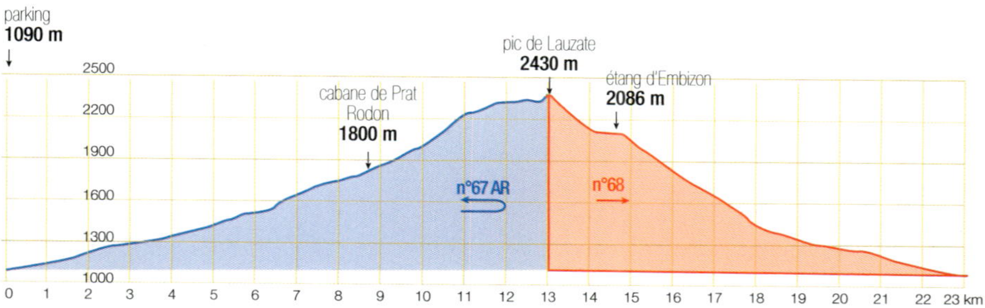


**6h35 > Jasse de Berdoulas** (1750 m). HS, traverser la vaste prairie qui plus loin s'abaisse (sans se laisser attirer à droite par un orri en contre-haut). Rallier alors l'encoignure du bois qui borde le torrent (1660 m). Y retrouver un bon sentier qui s'engage dans le bois, s'éloigne du cours d'eau avant d'y revenir, franchissant plusieurs trouées, puis la…

**7h00 > Clairière** (1550 m), presque plate, de la jasse des Pradels. Enjamber le ruisseau (1545 m, cairn). Poursuivre en terrain dégagé pour retrouver un bon sentier dans le bois à 20 m du torrent. Plus bas, juste après une petite construction en béton, il oblique à gauche, en faible pente, le long d'un ruisselet et nous mène au…

**7h15 > Pont de Ressec** (1409 m), où l'on retrouve l'itinéraire de l'aller pour rentrer au...

**8h30 > Parking.**

Sur la crête des Isards, en direction du pic de Lauzate.

69/70

Étang de Comte

Mourgouillou

# 69 Pyramide de Lherbés 2439 m
# 70 Gros pic de Cazalassis 2656 m

**69** 5h - 11 km - 1100 m+

**70** 6h50 - 16 km - 1350 m+

**69.** Itinéraire sur sentier balisé ne présentant pas de difficulté particulière.
**70.** Itinéraire HS, en partie aérien, sur pentes herbeuses raides ou pierriers. Orientation facile mais requérant de bonnes notions de la trajectoire pour éviter les difficultés du relief. Temps sec impératif.

**Balisage :** Jaune du départ à l'Estagnol, puis blanc et rouge jusqu'à la Pyramide de Lherbés. Hors balisage pour le pic.

**Accès :** Ax-les-Thermes > Mérens les Vals. 700 m après la sortie, prendre la bifurcation à droite (camping), passer le pont et remonter à gauche la route forestière de l'Ubac (main gauche, face à l'entrée du camping).

**Départ :** Parking du Mourgouillou, 13 km au S d'Ax.

**Carte :** IGN TOP25 2249 OT

**Cabane** du Mourgouillou.

***Avec un tel nom, Cazalassis, ce sommet intrigue. Et sa visite ne laisse pas non plus indifférent. Entre lacs, pelouses, pierriers et crêtes, elle est une constellation de rebondissements qui livrent au regard un grand nombre de nappes bleutées invitant à la baignade. Mais avant d'y parvenir, la pyramide de Lherbés dévoile une partie de ces beautés.***

## 69 : Pyramide de Lherbés

**0h00 > Du parking** (1410 m), franchir la barrière et remonter la piste sur 100 m, puis trouver à droite le départ du sentier balisé en jaune. Il s'élève de plus en plus rudement dans la forêt jusqu'à atteindre un point haut et redescendre sur une…

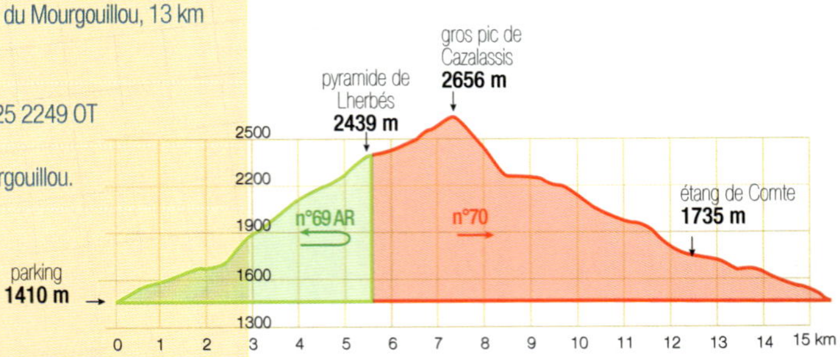

**0h20 > Bifurcation** (1540 m). Descendre à droite pour enjamber le singulier pont des Pierres. Remonter à gauche le GR 10, passant l'étang de l'Estagnol, jusqu'à une…

**0h50 > Bifurcation** (1670 m). Laisser en face le balisage jaune vers l'étang de Comte, et s'engager à droite sur le GR qui s'élève pleine pente. Il effectue plusieurs lacets dans le grand versant avant d'atteindre la…

**1h25 > Rupture de pente** (1900 m). Le sentier traverse alors plus paisiblement en direction du torrent. Une fois à proximité, il le remonte rive gauche. Au-delà, il file sur le bord droit du vallon, longe un pierrier sur sa droite et vient buter contre le bout du vallon. Il change alors de direction pour amorcer, vers la droite (N), une traversée nous hissant sur la…

**2h45 > Crête de la Lhasse** (2410 m). Poursuivre à revers à gauche, sur le GR, en ignorant le balisage jaune sur les croupes débonnaires de droite. Gagner ainsi, en trois enjambées, la…

**2h50 > Pyramide de Lherbès** (2439 m). Y découvrir le pic de Rulhe, la vallée de Savignac et ses lacs. Retour par le même itinéraire au…

**5h00 > Parking.**

## 70 : Gros pic de Cazalassis

**2h50 > Pyramide de Lherbés** (2439 m). Quitter le GR pour filer sur la crête au S. Rapidement, une sente aérienne évite par la gauche une première butte, puis elle s'efface. Toujours sur la croupe, passer le pic de la Virade, puis parvenir, successivement, en contre-haut de deux brèches dans lesquelles descendre par une cheminée herbeuse à gauche. Juste après, les difficultés du fil s'évitent par la droite pour remonter sur le…

**3h25 > Petit pic de Cazalassis** (2582 m). Au loin l'austère muraille du pic d'Escobes domine l'étang d'Albe, tandis que l'étang Bleu attire l'œil au nord. Suivre la crête qui s'étire à l'O, en évitant un ressaut par la gauche, puis sur les dalles de son fil. Lorsqu'elle devient plus technique, basculer à droite sur une sente la longeant sur des plates-bandes herbeuses. Puis remonter en crête par un couloir d'éboulis. La suivre jusqu'à une antécime, puis par un enchevêtrement de blocs jusqu'au…

**3h50 > Gros pic de Cazalassis** (2656 m). De toutes parts apparaissent des étendues azurées. Le Rulhe livre sa face est. Poursuivre sur la crête qui devient herbeuse, et mène sur le promontoire du…

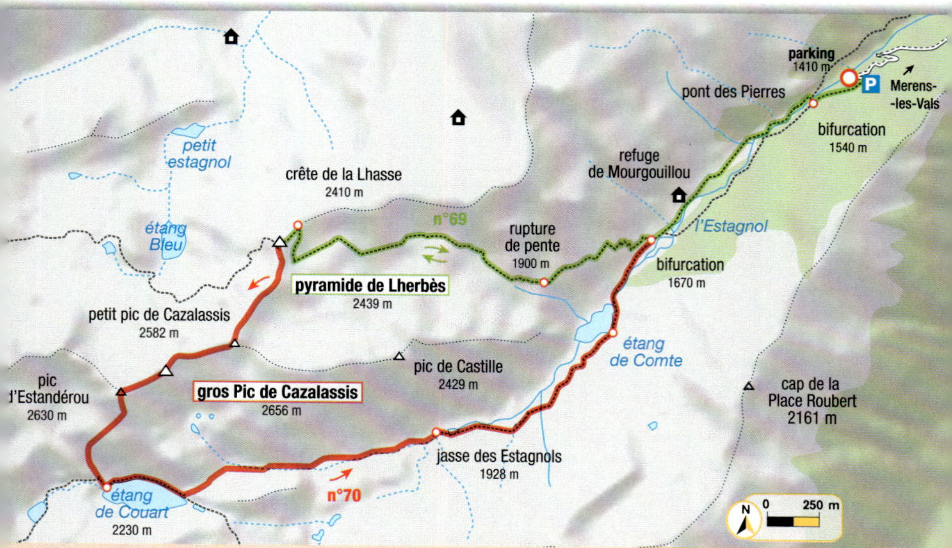

**3h55 > Pic d'Estandérou** (2630 m). Revenir de quelques mètres en arrière et basculer dans la pente herbeuse du versant SE. Une profonde entaille dévale à droite ; poursuivre au S, jusqu'à apercevoir un arbre isolé (2535 m), sur un éperon à main droite. S'en approcher et descendre dans l'étroit (et raide) couloir herbeux qui s'étire en dessous. Arriver sur un…

**4h10 > Pierrier** (2480 m). Le traverser en gardant pratiquement la même direction. Retrouver rapidement une pente herbeuse plus commode. Plus bas, elle s'oriente à gauche pour descendre le vallon. Conserver sa bordure droite, puis traverser le pierrier vers la droite pour retrouver une autre bande herbeuse sur laquelle rencontrer le GR T68 (2266 m) venant du col de l'Albe. Dévaler jusqu'à l'…

**4h40 > Étang de Couart** (2230 m). Le longer par la gauche. Pratiquement à l'extrémité, passer devant un…

Vers le petit pic de Cazalassis.

**4h55 > Abri sous roche** (2232 m). Juste après, et devant des ronds de pierres de bivouacs, quitter le GR suivant la rive, pour monter de quelques mètres à gauche sur une sente dans l'herbe. Elle traverse un replat où elle s'efface (anciennes constructions à gauche), puis réapparait lorsque s'amorce la descente dans le vallon. Plus bas, éviter une cuvette encombrée de blocs, franchir un rétrécissement et retrouver la sente dans le flanc herbeux de gauche. Ne plus la quitter jusqu'à la...

**5h40 > Jasse des Estagnols** (1928 m). Traverser à gué le torrent pour longer les étangs par le S, sur un bon sentier. Il s'en écarte ensuite un peu et s'abaisse dans le vallon. Il se fait envahir par la végétation, traverse des zones humides et rejoint l'...

**6h10 > Étang de Comte** (1735 m), au niveau d'une intersection. Poursuivre en face sur le sentier qui contourne le lac par la droite, jusqu'au déversoir. Le traverser et prendre pied sur le sentier balisé en jaune, à suivre aval jusqu'à la...

**6h20 > Bifurcation** (1670 m) de l'aller. Et rentrer par le même chemin au...

**6h50 > Parking.**

#71

Cabane-barrage de l'étang du Siscar.

Pont Sainte-Suzanne

# 71 Pic de Nérassol 2633 m

**6h15 - 16 km - 1200 m+**

**71.** Itinéraire le plus souvent sur sentier balisé. Aucune difficulté technique.

**Balisage :** Blanc et rouge ou jaune pour la boucle. Hors balisage pour le pic.

**Accès :** Ax-les-Thermes > L'Hospitalet. À la sortie S, juste après le pont et le pylône du CATEX, prendre la petite route qui descend à gauche au parking du pont Sainte-Suzanne.

**Départ :** Parking du pont Sainte-Suzanne, 18 km au S d'Ax.

**Carte :** IGN TOP25 2249 OT

**Cabanes** de la Vésine, du Siscar et de Brougnic.

***Sillonnant des prairies et landes piquetées de fleurs, le cheminement vient épouser les contours de nombreux lacs avant d'atteindre le pic de Nérassol. Point d'orgue de la randonnée, ce belvédère contemple les hautes cimes acérées des alentours.***

**0h00 > Du parking** (1450 m), se diriger à son extrémité N, passer sous le pont de la N20 et emprunter le GR T68 qui s'élève à l'O sur un sentier dallé, jusqu'à une intersection. Laisser à gauche le sentier qui redescend sur la N20 et continuer de monter à droite. Plus haut, entrer dans les noisetiers et atteindre une…

**0h20 > Intersection** (1570 m). Ignorer le Chemin des Cascades qui descend à droite, et persévérer en face. Par deux fois passer sous la conduite forcée avant de franchir le…

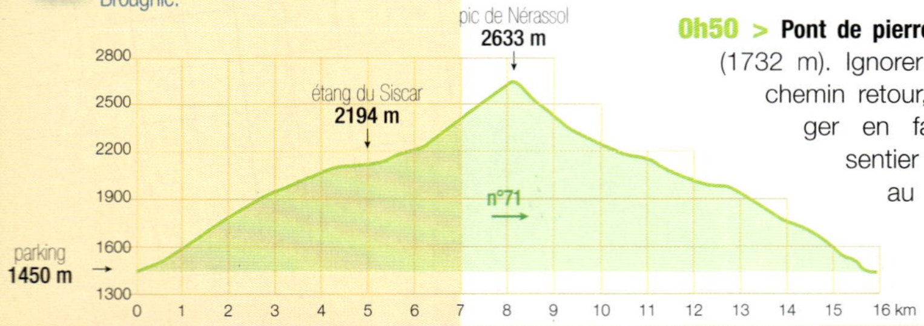


**0h50 > Pont de pierre de Pouzole** (1732 m). Ignorer à droite le chemin retour, et s'engager en face sur le sentier qui grimpe au milieu d'anciens murets, rive gauche du torrent du Siscar. Plus haut, franchir une barrière métallique précédant une passerelle. À la saison, les lis des Pyrénées y sont nombreux. Ne pas tarder à arriver sur une…

**1h30 > Intersection** (1962 m). Prendre à droite le sentier qui reste dans le vallon, franchit le singulier pont de pierre du Saut du Taureau et s'élève vers la retenue de la jasse del Forn. Après un replat, un ressaut nous dépose sur un long plat au bout duquel atteindre la…

**2h10 > Cabane de la Vésine** (2110 m). En persévérant, toujours rive gauche mais plus loin du torrent, sur un terrain plus tourmenté, arriver à l'…

**2h30 > Intersection de la cabane du Siscar** (2194 m). Prendre à droite, pleine pente, le sentier balisé en jaune. Sous le col, il effectue un grand crochet à droite avant de revenir sur la…

**3h10 > Porteille du Sisca** (2440 m). Quitter le sentier pour remonter la croupe au S. Eviter un premier ressaut par la gauche avant de traverser un replat en direction du vaste dôme du…

**3h45 > Pic de Nérassol** (2633 m). Belvédère qui s'érige au cœur du cirque constitué par, entre autres, le pic de Siscaró, celui d'Escobes et son Cylindre, le pic d'Albe… Revenir par le même itinéraire à la…

**4h00 > Porteille du Sisca** (2440 m). Basculer à droite sur le sentier balisé en jaune qui descend tout le vallon, traversant sur le bas un étagement de petits plateaux avec de beaux méandres. Laisser un premier petit barrage à droite, puis en franchir un second, suivant ensuite les tuyaux en béton jusqu'à l'…

**4h40 > Étang de Pedorrés** (2170 m). Le longer par la droite jusqu'au barrage, sous lequel traverser à gué pour remonter sur une intersection (2165 m) où l'on prend pied sur le GR T68. Le suivre à droite, s'abaissant, en ignorant en contre-haut à gauche la cabane de Brougnic, jusqu'au…

**5h15 > Barrage de val d'Arques** (1980 m). Garder encore un peu le torrent en vue avant de basculer à gauche dans un thalweg. Plus bas, le sentier devient moins marqué dans une zone humide. Il plonge ensuite rapidement, avant de revenir vers le torrent qu'il ne tarde pas à traverser sur un petit pont de pierre (1822 m). Dès lors, effectuer une grande traversée dans le flanc, croisant la conduite, jusqu'à parvenir au…

**5h40 > Pont de pierre de Pouzole** (1732 m). Retour par l'itinéraire de l'aller au…

**6h15 > Parking.**

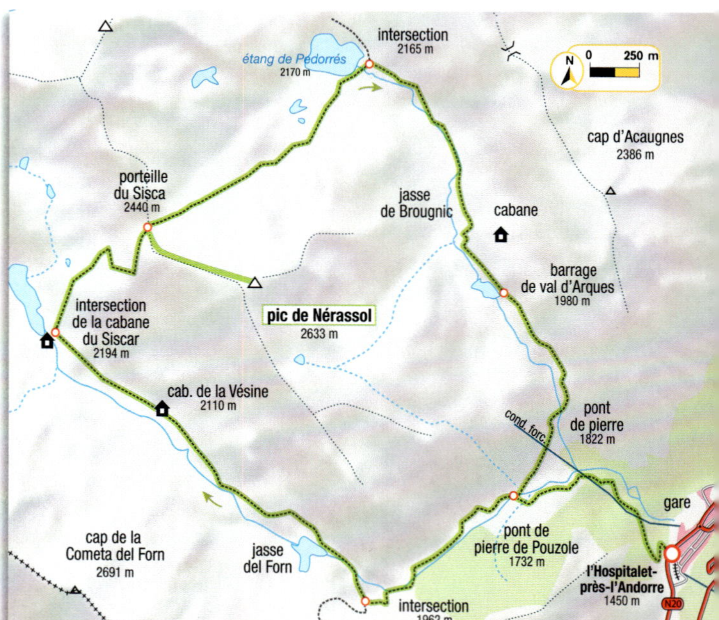

72/73

En prenant pied sur la crête menant au pic de l'Albe.

Pont Sainte-Suzanne

# 72 Pic de Siscaró 2637 m
# 73 Pic de l'Albe 2768 m

**72** 7h - 17 km - 1200 m+ | **73** 7h45 - 18 km - 1450 m+

**72.** Itinéraire sur sente peu marquée ou HS, demandant quelques connaissances en orientation. Partie terminale où l'on pose une main sur la crête aérienne.
**73.** Itinéraire HS sur terrain montagnard (pente herbeuse raide, éboulis) demandant des notions d'orientation. À éviter par temps humide ou brouillard.

**Balisage :** Blanc et rouge, et jaune, puis hors balisage pour les pics.

**Accès :** Ax-les-Thermes > L'Hospitalet. À la sortie S, juste après le pont et le pylône du CATEX, prendre la petite route qui descend à gauche au parking du pont Sainte-Suzanne.

**Départ :** Parking du pont Sainte-Suzanne, 18 km au S d'Ax.

**Carte :** IGN TOP25 2249 OT

**Cabanes** de la Vésine et du Siscar

***Tout au fond de la vallée du Siscar, s'élèvent de hautes murailles qui constituent autant de belvédères. Parmi eux, le pic de Siscaró délivre un aperçu exquis des montagnes andorranes, tandis que celui de l'Albe domine tout un chapelet d'étangs plus bleus les uns que les autres.***

## 72 : Pic de Siscaró

**0h00 > Du parking** (1450 m), se diriger à son extrémité N, passer sous le pont de la N20 et emprunter le GR T68 qui s'élève à l'O sur un sentier dallé, jusqu'à une intersection. Laisser à gauche le sentier qui redescend sur la N20 et continuer de monter à droite. Plus haut, rentrer dans les noisetiers et atteindre une…

**0h20 > Intersection** (1570 m). Ignorer le Chemin des Cascades qui descend à droite, et persévérer en face. Par deux fois passer sous la conduite forcée avant de franchir le…

**0h50 > Pont de pierre de Pouzole** (1732 m). Ignorer à droite le chemin retour de la boucle du Nérassol, et s'engager en face sur le sentier qui grimpe au milieu d'anciens murets, rive gauche du torrent du Siscar. Plus haut, franchir une barrière métallique précédant une passerelle. À la saison, les lis des Pyrénées y sont nombreux. Ne pas tarder à arriver sur une…

**1h30 > Intersection** (1962 m). Prendre à droite le sentier qui reste dans le vallon, et franchit le singulier pont de pierre du Saut du Taureau, s'élève vers la retenue de la jasse del Forn. Après un replat, un ressaut nous dépose sur un long plat au bout duquel on atteint la…

**2h10 > Cabane de la Vésine** (2110 m). En persévérant, toujours rive gauche mais plus loin du torrent, sur un terrain plus tourmenté, arriver à l'…

**2h30 > Intersection de la cabane du Siscar** (2194 m). Descendre traverser le ruisseau puis longer l'étang sur de vagues sentes jusqu'au torrent qui l'alimente (beaux emplacements de bivouac). S'élever rive droite de celui-ci sur un sentier cairné, jusqu'au concours de deux vallons (2240 m). Remonter le sentier qui continue dans le thalweg de gauche, ne tardant pas à franchir le ruisselet, pour filer sur sa rive gauche. En haut, la sente disparaît en même temps que le thalweg. À l'O, remarquer le col herbeux que l'on franchira. Viser, dans un premier temps, une grande tour rocheuse plus à gauche. HS dans la prairie, pleine pente, déboucher sur un…

**3h10 > Replat** (2350 m), face à une butte herbeuse. La contourner par la gauche pour retrouver la sente et les cairns. Ils grimpent sur cette croupe végétalisée qui s'immisce au milieu d'un vaste pierrier, en direction du col. Finir la progression HS, sur une bande herbeuse, pour gagner le…

**3h45 > Col** (2555 m). Emprunter la sente sur la croupe au N, basculant bientôt à droite pour longer la base des rochers et gagner un collet. Repartir, à revers à gauche, sur la crête minérale, jusqu'au…

**4h00 > Pic de Siscaró** (2637 m). Découvrir les lacs andorrans de Siscaró, et ceux de Joclar. Retour par le même itinéraire à l'…

**5h00 > Intersection de la cabane du Siscar** (2194 m), puis au…

**7h00 > Parking.**

## 73 : Pic de l'Albe

**2h30 > De l'intersection de la cabane du Siscar** (2194 m). Prendre à droite, pleine pente, le sentier balisé en jaune. Sous le col, il effectue un grand crochet à droite avant de revenir sur la…

**3h10 > Porteille du Sisca** (2440 m). Basculer versant opposé sur le sentier. Le quitter au bout de 250 m pour longer le pierrier à gauche, jusqu'à sa partie inférieure à l'intersection des vallons (2310 m). Remonter alors énergiquement, à revers à gauche (NO), HS dans l'herbe et la pierraille, un nouveau vallon où des cairns apparaissent rapidement. Parvenir sur un…

**3h40 > Replat** (2410 m). Traverser bientôt, en courbe de niveau à gauche, sous l'immense pierrier de la partie supérieure du vallon. Grimper entre pierrier et falaises pour parvenir à la base de deux couloirs herbeux s'élevant vers la gauche. S'engager dans le premier, sur une pente rude, et déboucher sur un…

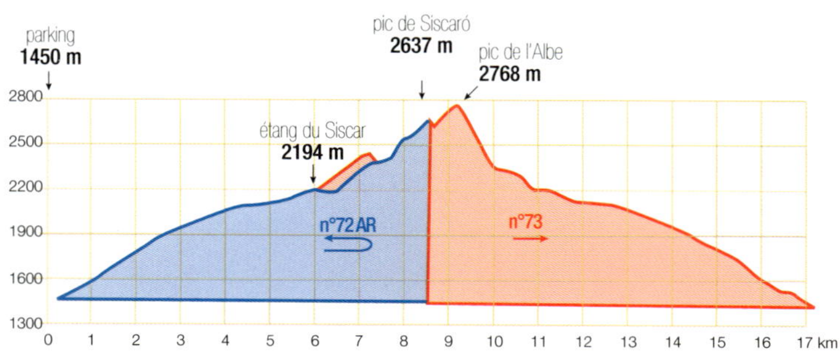

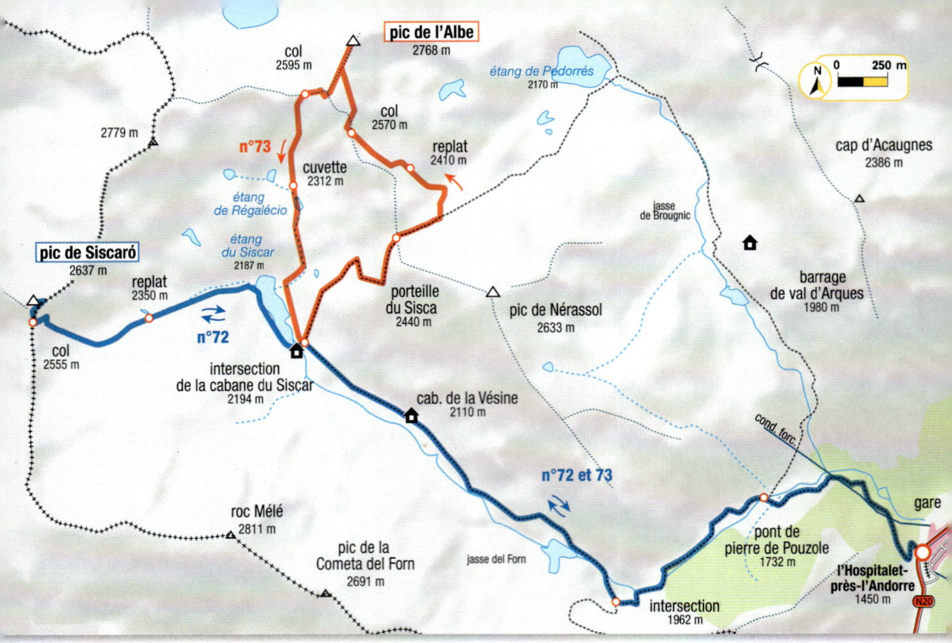


**4h05 > Col** (2570 m) en crête. Vers le N, une sente contourne par la gauche une éminence, puis attaque le ressaut suivant aussi par la gauche, avant de revenir sur le fil. Le suivre jusqu'à prendre pied à la base d'une…

**4h20 > Vaste pente herbeuse** (2650 m). S'y élever HS afin de gagner le…

**4h40 > Pic de l'Albe** (2768 m). Vue vertigineuse sur le lac éponyme tandis que le pic de Rulhe s'élève en arrière-plan, comme de nombreux sommets franco-andorrans. À l'opposé, ce sont les cimes catalanes, tel le Carlit, qui nous lancent un clin d'œil. Redescendre par le bord de la crête SSO jusqu'à dominer une étroite ravine d'éboulis filant vers le col herbeux 2595. Poursuivre à peine, puis descendre sur la croupe qui la borde à gauche (cairns). Contourner un ressaut par la gauche puis rejoindre, par la ravine, le…

**5h00 > Col** (2595 m). Basculer dans le vallon au S, et bien contourner d'abord le pierrier par la droite, puis, plus bas, par la gauche. Atteindre une…

**5h30 > Cuvette** (2312 m). Une sente plus ou moins marquée longe par la droite l'étang de Régalécio, puis son torrent, jusqu'à l'étang de Siscar. Suivre celui-ci sur la gauche jusqu'à l'…

**5h45 > Intersection de la cabane du Siscar** (2194 m). Rentrer par l'itinéraire de l'aller au…

**7h45 > Parking.**

Étang du Siscar dominé par les pics de Nérassol et de l'Albe.

L'un des étangs de Madides.

Mérens-les-Vals

# 74 Pic d'Esquine d'Ase *2706 m*
# 75 Pic de Nabre *2692 m*

**74** 6h40 - 15 km - 1550 m+ **75** 7h15 - 16 km - 1700 m+

**74.** Itinéraire HS sur pierrier, requérant quelques notions d'orientation. La présence de neige en début d'été favorise la progression dans le vallon précédant le sommet. Crampons potentiellement utiles.
**75.** Itinéraire HS sur terrain peu roulant (pierrier, pentes herbeuses raides) nécessitant quelques notions d'orientation et de lecture de paysage pour progresser.

**Balisage :** Blanc et rouge du départ à la jasse de la Présasse.

**Accès :** Ax-les-Thermes > Mérens. Dépasser le parking de la gare et s'engager sur la rue suivante, passer sous la voie ferrée, traverser le torrent et remonter la route qui grimpe tout en haut du village. Repasser le torrent et se garer sur le parking qui le jouxte.

**Départ :** Haut du village de Mérens-les-Vals, 9 km au S d'Ax.

**Carte :** IGN TOP25 2249 OT

***Sources chaudes, jasses apaisantes, chapelet d'étangs au milieu des pelouses ou étang glaciaire coincé dans sa moraine. La vallée du Nabre recèle une profusion de joyaux. Et c'est sans compter la vue qu'ouvre l'Esquine d'Ase. On y embrasse la quasi-totalité des cimes ariégeoises, du Maubermé au Roc Blanc en passant par les 3000.***

### 74 : Pic d'Esquine d'Ase

**0h00 > Du parking** (1184 m), poursuivre dans la ruelle étroite jusqu'à trouver à gauche, à la dernière maison, l'amorce du GR 10. Il s'élève en sous-bois, passant devant les…

**0h15 > Sources d'eau chaude** (1280 m). Laisser, juste après, un sentier horizontal à gauche, et poursuivre dans la même direction. Plus haut, sortir du sous-bois et ignorer peu après une bifurcation descendant à droite (1390 m). Persévérer et surmonter le court ressaut de la cascade du Saut du Nabreil, tout en ne quittant plus la rive droite, jusqu'à une…

**1h20 > Passerelle** (1730 m). Dès lors, nous nous élevons rive gauche jusqu'à l'…

**1h35 > Intersection du replat de la Présasse** (1828 m). Y quitter le GR montant franchir au S le col d'accès au refuge des Bésines. Poursuivre tout droit sur la vague sente cairnée ne tardant pas à enjamber le torrent, pour le suivre rive droite et s'élever vers le…

**1h45 > Petit barrage** (1900 m), de la jasse du Miey. Au-dessus, s'éloigner du ruisseau qui s'engage dans une gorge, et gagner de l'altitude sur une sente contournant par la gauche le bombement. Parvenir dans le grand replat de la…

**2h15 > Jasse de la Parade** (2092 m), où la sente s'évapore. Traverser la jasse jusqu'à son extrémité NE, puis s'élever plus rudement en évitant par la gauche un ressaut rocheux planté au milieu du vallon. Une fois surmonté, gravir encore plus énergiquement, au SE, un couloir herbeux raide. Au-delà, le terrain devient plus minéral. Dans le vallon, contourner une petite butte par la gauche, et s'apprêter à gravir un…

**3h05 > Court couloir herbeux** (2400 m) redressé. L'herbe disparait et le col s'affiche tout au loin. Le viser. Prendre pied sur un barrage glaciaire derrière lequel longer par la droite un…

**3h15 > Lac** (2460 m). Remonter ensuite le vallon sur son bord droit. La dernière portion se redresse encore, sur un terrain plus croulant, jusqu'au col (2650 m). Suivre la crête à l'O pour gagner le…

**4h00 > Pic d'Esquine d'Ase** (2706 m). Difficile de dénombrer tous les lacs et sommets visibles tant ils sont nombreux. Retour par le même itinéraire au…

**6h40 > Parking.**

## 75 : Pic de Nabre

**4h00 > Du pic d'Esquine d'Ase** (2706 m). Revenir vers le col (2650 m) et repérer au SSE l'échancrure du col du Nabre, ainsi que le bombement en dessous qui nous en sépare. Basculer dans la pente au SE, d'abord sur l'herbe, puis dans le pierrier, jusqu'à rejoindre le creux du vallon encombré de rochers. Remonter en face sur le bombement précédemment repéré, et gagner au mieux le…

**4h35 > Col** (2630 m), sous le pic de Nabre. Passer sur la soulane et s'élever à droite dans l'herbe. Rapidement, traverser la dalle à main gauche sur son point de faiblesse : une vire horizontale légèrement déversante. Derrière, retrouver l'herbe et poursuivre sur ce terrain jusqu'au…

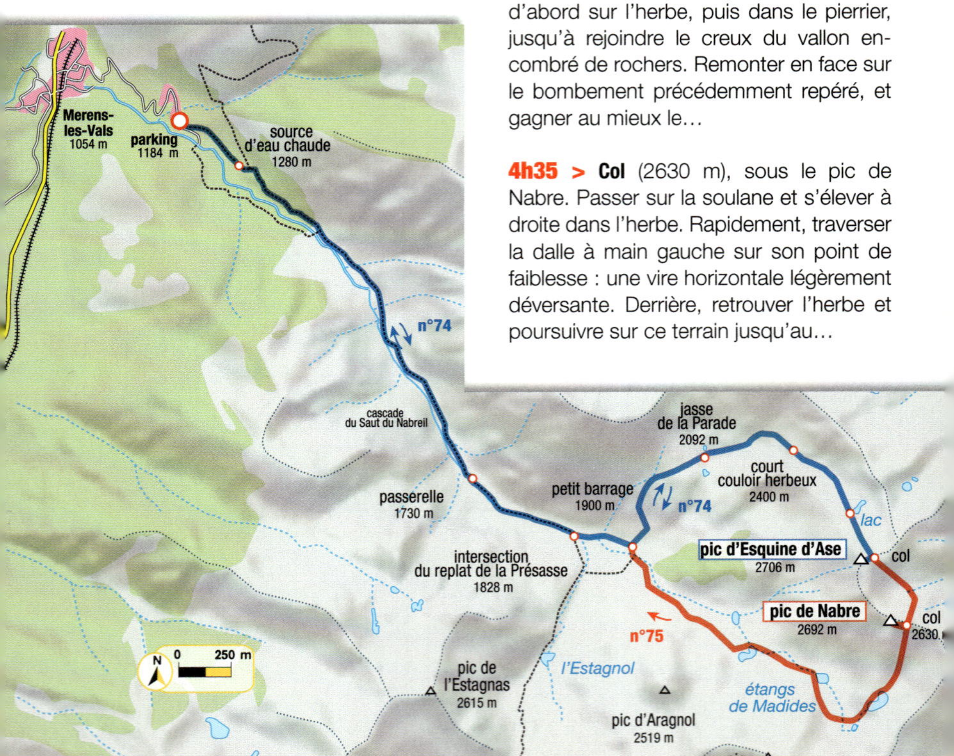

**4h45 > Pic de Nabre** (2692 m). Découvrir le superbe chapelet des étangs de Madides ou l'immense cuvette du Lanoux. Revenir par le même itinéraire au col (2630 m). Descendre alors HS toute la pente au S, utilisant au mieux les parcelles herbeuses, jusqu'au…

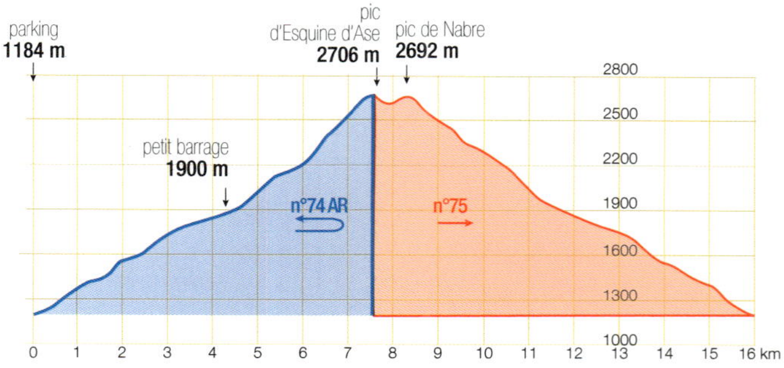


**5h10 > 4e étang de Madides** (2402 m). Le contourner par la droite, laissant filer un vallon s'abaissant à droite, et gagner l'exutoire du lac. Descendre au SO, en direction d'un laquet, puis virer à droite à sa hauteur. Traverser pour gagner plus à gauche un grand plan incliné où se dessine une sente bien cairnée, évitant le cirque encombré de pierres. Elle s'abaisse, de mieux en mieux tracée. Elle passe à gauche du…

**5h25 > 3e étang** (2251 m) et poursuit sa descente, dans le vallon encore minéral, jusqu'au…

**5h35 > 2e étang** (2174 m), à longer par la droite. Dès lors, la verdure et les rhododendrons se font beaucoup plus présents. Traverser le déversoir et filer à l'O, passant à droite d'un bosquet. Louvoyer, en laissant plus bas à droite le premier étang, et basculer à gauche d'une éminence constellée de pins à crochets. Continuant de dévaler, parvenir au…

**6h05 > Petit barrage** (1900 m) de l'aller. Rentrer maintenant par l'itinéraire du matin au…

**7h20 > Parking.**

En remontant au-dessus des étangs des Peyrisses.

Parking des Bésines

# 76 Refuge des Bésines 2101 m
# 77 Pics des Bésineilles, de Lanós et de Madides 2663 m

1 ou 2 jours

**76** 4h20 - 14 km - 700 m+ | **77** 8h20 - 24 km - 1500 m+

**76.** Itinéraire sur sentier balisé, sans difficulté.
**77.** La boucle se déroule sur sentier balisé. L'accès au pic des Bésineilles, HS, ne présente aucune difficulté. Pour les autres, quelques notions d'orientation et de lecture de paysages sont utiles.

**Balisage :** Blanc et rouge jusque peu après le refuge, puis jaune et rouge jusqu'au au col de Coma d'Anyell. Blanc et rouge pour le retour. Hors balisage pour les pics.

**Accès :** Ax-les-Thermes > l'Hospitalet. Tourner à gauche sur la N22 juste après le rond-point. Parking dans la 3e épingle.

**Départ :** Parking des Bésines, 20 km au sud d'Ax.

**Carte :** IGN TOP25 2249 OT

**Refuge gardé** des Bésines et cabanes des Bésines et du Pla.

***Le refuge des Bésines est idéalement placé dans la haute vallée de l'Ariège. Il permet ainsi de rayonner vers de nombreux sommets, vers des étangs aux eaux cristallines, vers des vallons aux torrents enchanteurs ou des jasses à l'herbe généreuse. Autant de points d'attraction où chacun trouvera une aventure à la mesure de son dessein d'évasion. La boucle des Bésineilles en est un concentré.***

## 76. Refuge des Bésines

**0h00 > Du parking** (1536 m), s'engager sur le GR 107, ignorant à 100 m le sentier descendant à gauche sur l'Hospitalet, puis à revers à droite, celui joignant le col

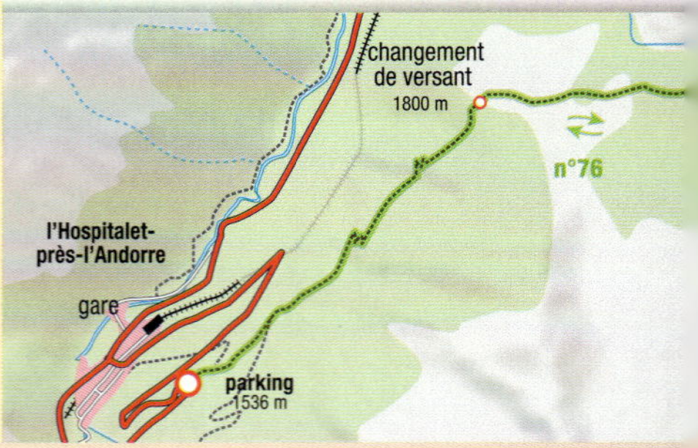

de Puymorens. Le sentier est bien marqué, le plus souvent en courbe de niveau. Puis il effectue deux séries de lacets réguliers, et poursuit encore dans le flanc jusqu'au…

**0h45 > Changement de versant** (1800 m). Sortir des bois, descendant légèrement, pour traverser le torrent de la jasse de Bessateil et un portillon métallique. Remonter alors la vallée des Bésines sur le flanc N, à nouveau dans la forêt, mais sur un sentier moins roulant et plus redressé. Passer devant des bâtiments puis prendre pied sur un…

**1h30 > Chemin horizontal** (1970 m). Le suivre à gauche jusqu'à la…

**1h40 > Cabane des Bésines** (1973 m). Persévérer, longeant le lac de plus ou moins loin et haut, suivant le relief. Enjamber au passage le torrent de Coma d'Or, puis longer sur la droite la grande jasse du Pla et sa cabane, au bout de laquelle franchir une…

**2h05 > Passerelle** (1990 m). Le GR se hisse alors, plus rudement, entre les arbres épars, et parvient à une…

**2h17 > Intersection** (2080 m), sous le refuge. Suivre le sentier qui s'élève vers le…

**2h20 > Refuge des Bésines** (2101 m). Retour par le même itinéraire au…

**4h20 > Parking.**

## 77 : Pic des Bésineilles, Pic de Lanós, pic de Madides

**2h20 > Du refuge des Bésines** (2101 m). Repérer, à 30 m à l'E, deux cairns symbolisant une porte. Ils marquent le départ du sentier, plus ou moins en courbe de niveau, d'abord dans le flanc herbeux puis louvoyant dans des blocs réagencés par la main de l'homme, et atteignant une…

**2h25 > Bifurcation** (2110 m). Ignorer le GR du col d'Anyell à gauche, pour redescendre de quelques mètres jusqu'à une nouvelle bifurcation. Quitter le sentier principal et remonter de quelques mètres à gauche, sur le sentier balisé en jaune et rouge, passant derrière le rebord du thalweg, boisé. Il file ensuite sur la soulane, longe puis enjambe le…

**2h30 > Torrent de la jasse des Bésineilles** (2106 m). Remonter paisiblement la jasse au SE puis obliquer plein S pour s'élever plus rudement dans le ressaut qui la borde à droite. Découvrir un premier petit

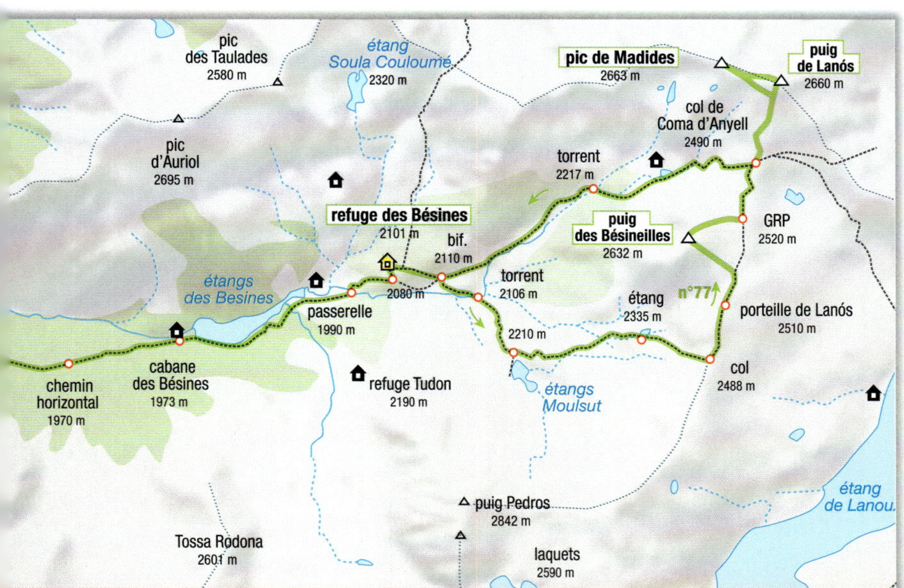

lac à main droite. Franchissant un second ressaut boisé, arriver rapidement sur une…

**2h45 > Intersection peu marquée** (2210 m), dans la prairie. À droite, la vague sente vous permet d'effectuer un rapide aller-retour à l'étang Moulsut. Le GRP s'élève vers un bosquet d'arbres livrant une vue sur les étangs, puis remonte les vastes étendues herbeuses du vallon vers l'E jusqu'à un…

**3h10 > Étang anonyme** (2335 m). Le sentier se hisse sur son bord droit, puis grimpe beaucoup plus rudement, dans l'herbe, en direction du…

**3h35 > Col** (2488 m). Poursuivre sur le GRP qui file au N, légèrement à droite de la crête et atteint la portella de Lanós. Emprunter encore le GRP jusqu'après une mare, et le quitter pour monter HS, dans la pente herbeuse à gauche, jusqu'au…

**4h10 > Puig des Bésineilles** (2632 m). Sommet assez isolé, il délivre une large vue d'ensemble. Rejoindre vers le NE le sentier du GRP. Le suivre au N, se faufilant dans un dédale de blocs, avant de parvenir, par le versant O, au…

**4h30 > Col de Coma d'Anyell** (2490 m). Repérer au NNE un couloir herbeux avec un cairn. Y trouver une vague sente à suivre vers l'amont. Traverser un replat pierreux, contourner une croupe par la gauche, déboucher dans un petit vallon que l'on remonte entièrement avant de s'élever, HS, directement vers le sommet. Ignorer, sur une étroite terrasse herbeuse (2600 m), une belle sente filant vers l'O, pour rallier, toujours dans la même direction, en repérant les cairns qui évitent au maximum les zones pierreuses, le…

**5h00 > Puig de Lanós** (2660 m). Se délecter de l'immense vue, et effectuer un aller-retour à l'E pour découvrir l'étang Faury. Revenir au sommet, vaste amas de blocs, et poursuivre sur la crête à l'O jusqu'au…

**5h10 > Pic de Madides** (2663 m). Admirer son improbable petit étang suspendu sous le sommet. Revenir au col devant le puig Lanós, et basculer à droite sur une sente de brebis qui s'abaisse jusque sur l'étroite terrasse herbeuse coupée à l'allée. Suivre vers l'E la sente, puis rentrer par le même itinéraire au…

**5h30 > Col de Coma d'Anyell** (2490 m). Emprunter le GR qui descend à l'O dans le vallon. Passer un goulet et continuer de s'abaisser, traversant plus bas le clot des Bésineilles. Dévaler pour aller franchir, à gué, le torrent (2217 m). Le GR10 ondule, avant de perdre de l'altitude, et rejoint la…

**6h15 > Bifurcation** (2110 m) du matin. Revenir par l'itinéraire de l'aller au refuge des Bésines, ou, en persévérant aval sur le GR, directement au…

**8h20 > Parking.**

Vue plongeante sur l'étang de Soula Couloumé

Vue vers le puig Pedros et le Carlit depuis le pic d'Auriol

Parking des Bésines

# 78 Étang Soula Couloumé et pic d'Auriol *2695 m* 1 ou 2 jours

**8h - 17 km - 1400 m+**

**78.** En très grande partie HS. Pentes herbeuses très raides ; terrain peu roulant ; bonnes notions d'orientation requises. À effectuer par temps clair et sec.

**Balisage :** Blanc et rouge jusque peu après le refuge. HB pour le pic.

**Accès :** Ax-les-Thermes > l'Hospitalet. Tourner à gauche sur la N22 juste après le rond-point. Parking dans la 3e épingle.

**Départ :** Parking des Bésines, 20 km au sud d'Ax.

**Carte :** IGN TOP25 2249 OT

**Refuge gardé** des Bésines et cabanes des Bésines et du Pla.

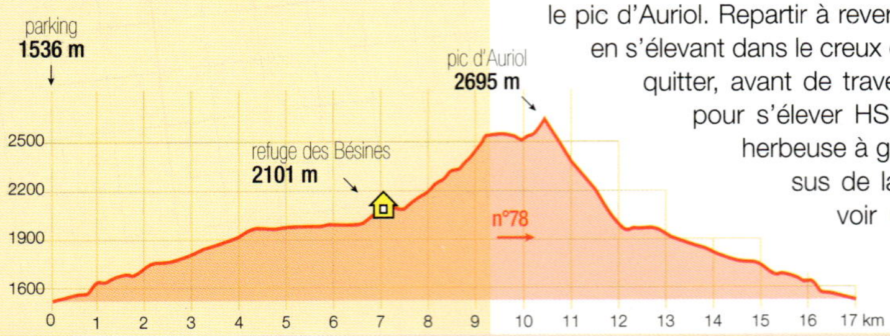


***Gravir le pic d'Auriol, c'est s'échapper des grands axes pédestres du secteur pour l'arpenter plus librement. Une excursion parfois rude mais qui délivre des points de vue peu communs tout en favorisant l'isolement, et ainsi la rencontre avec une faune discrète.***

**0h00 > Du parking** (1536 m), monter par l'itinéraire précédemment décrit (p 134) au…

**2h20 > Refuge des Bésines** (2101 m). Prendre le GR10 qui file au N. Il traverse, ondule, puis descend vers la gauche rejoindre le creux du vallon où il enjambe un ruisselet et remonte vers un panneau (2080 m). Continuer sur le GR, le long du torrent, jusque sur un…

**2h55 > Replat** (2168 m). Quitter le sentier principal, enjamber le torrent et s'engager sur une sente cairnée remontant le thalweg qui s'ouvre à l'O. Parvenir à un…

**3h05 > Collet** (2240 m), d'où l'on découvre le pic d'Auriol. Repartir à revers à droite (NE), en s'élevant dans le creux du relief, puis le quitter, avant de traverser le torrent, pour s'élever HS dans la pente herbeuse à gauche, au-dessus de laquelle apercevoir une cascatelle.

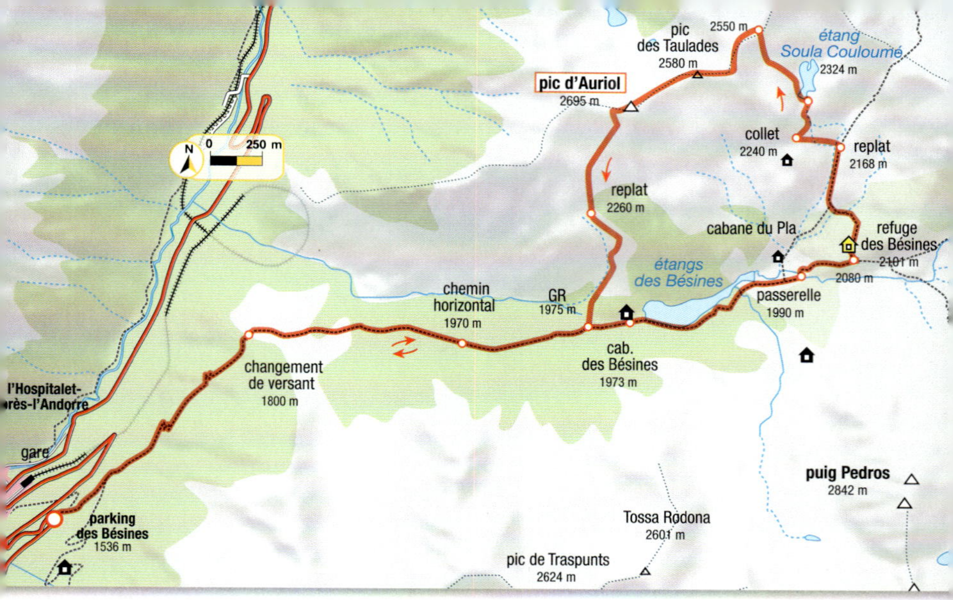


Retrouver une vague sente qui grimpe raide dans ce flanc, bordé à droite par la gorge de la cascatelle. Une fois le passage surmonté, traverser pour rejoindre le torrent à suivre jusqu'au déversoir de l'…

**3h20 > Étang Soula Couloumé** (2324 m). Le contourner par la gauche à l'aide d'un cheminement assez bien marqué dans une langue de pierrier. Derrière, s'élever d'abord lentement, puis pleine pente dans l'herbe jusqu'à prendre pied sur une croupe. Lorsqu'elle se raidit, basculer dans le thalweg à gauche et le gravir jusqu'en…

**4h00 > Crête** (2550 m). La suivre à gauche pour passer une éminence (2601 m). Gagner facilement un autre sommet. À partir de là, la crête devient plus tourmentée. Redescendre sur un collet avant de remonter par le flanc droit sur le…

**4h30 > Pic des Taulades** (2580 m). La sente disparaît. Progresser sur le fil aérien ou un peu à droite, posant parfois une main pour s'équilibrer sur ce terrain peu roulant. Gravir la dernière pente, plus commode, par la droite, avant de retrouver le fil et d'aboutir au…

**5h15 > Pic d'Auriol** (2695 m). En un tour d'horizon, embrasser toutes les randonnées du secteur. Basculer ensuite dans le versant S, en appuyant d'abord à droite, où la pente est moindre. Puis, dévaler sur l'herbe en se tenant plutôt à gauche du vallon principal, jusque sur un…

**6h00 > Replat** (2260 m). Le vallon se resserre et le thalweg se marque. Se tenir sur le flanc gauche et viser des arbres épars au-delà desquels une grande pente herbeuse vous conduit dans une prairie, devant la forêt. Progresser plein S et remonter HS dans la forêt pour parvenir rapidement sur le…

**6h40 > GR 107C** (1975 m). Vers l'E, retourner au refuge, en 45 min. Vers l'O rentrer au…

**8h00 > Parking.**

**N.B. :** *Depuis la cabane de la jasse du Pla un sentier remonte rive droite du ruisseau des Bésines, puis passe (cairn) rive gauche, s'élève rudement vers un bosquet, puis traverse jusqu'à prendre pied sur le GR 10, 20 m en dessous du « panneau (2080 m) ».*

Parking des Bésines

# 79 Puigs Pedrós et de Coma d'Or 2842 m

1 ou 2 jours

**9h45 - 26 km - 1750 m+**

*Belvédère de la vallée des Bésines, le puig Pedrós en livre une très large vue. Et son ascension varie les paysages afin de mieux encore vous imprégner de la diversité de cette contrée, à la fois verdoyante et minérale, aride ou foisonnante de zones lacustres.*

**79.** Pentes herbeuses assez raides. Orientation sur le HS assez facile par temps clair.

**Balisage :** Blanc et rouge jusque peu après le refuge, puis jaune et rouge jusqu'au col 2488 m. Hors balisage pour les pics.

**Accès :** Ax-les-Thermes > l'Hospitalet. Tourner à gauche sur la N22 juste après le rond-point. Parking dans la 3e épingle.

**Départ :** Parking des Bésines, 20 km au sud d'Ax.

**Carte :** IGN TOP25 2249 OT

**Refuge gardé** des Bésines et cabanes des Bésines et du Pla.

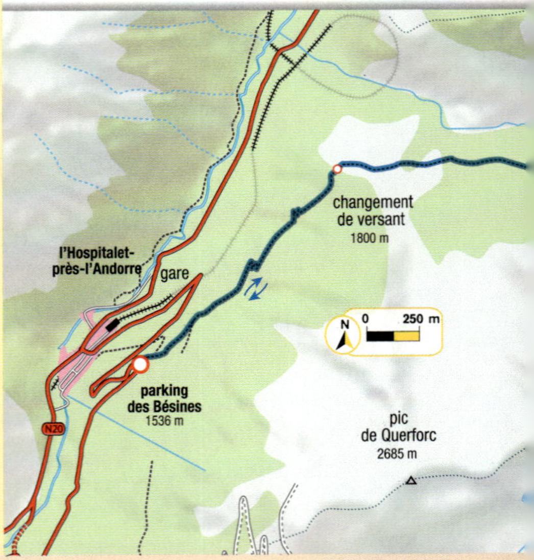

**0h00 > Du parking** (1536 m), monter par l'itinéraire précédemment décrit (p 134) au…

**2h20 > Du refuge des Bésines** (2101 m). Repérer, à 30 m à l'E, deux cairns symbolisant une porte. Ils marquent le départ du sentier, plus ou moins en courbe de niveau, d'abord dans le flanc herbeux puis louvoyant dans des blocs réagencés par la main de l'homme, et atteignant une…

**2h25 > Bifurcation** (2110 m). Ignorer le GR du col d'Anyell à gauche, pour redescendre de quelques mètres jusqu'à une nouvelle bifurcation. Quitter le sentier principal et remonter de quelques mètres à gauche, sur le sentier balisé en jaune et rouge du GRP, passant derrière le rebord du thalweg, boisé. Il file ensuite sur la soulane, longe puis enjambe le…

**2h30 > Torrent de la jasse des Bésineilles** (2106 m). Remonter paisiblement la jasse au SE puis obliquer plein S pour franchir deux ressauts. Juste après, ignorer une bifurcation peu marquée (2210 m), menant à droite à l'étang Moulsut. Le GRP s'élève vers un bosquet d'arbres livrant une vue sur les étangs, puis parcourt les vastes étendues herbeuses du vallon vers l'E, jusqu'à un…

**3h05 > Étang anonyme** (2335 m). Le sentier se hisse sur son bord droit, puis grimpe beaucoup plus rudement, dans l'herbe, en direction du…

**3h30 > Col** (2488 m). Quitter alors le GRP et emprunter une sente vers le S, dans le flanc gauche, qui ne tarde pas à suivre le haut de la croupe, jusqu'à une éminence. De là, la crête devenant plus acérée, la sente bascule à nouveau dans le flanc gauche plus pentu, et s'élève jusqu'à prendre pied sur le…

**4h00 > Replat** (2600 m), au pied du puig Pedrós. Suivre le pourtour droit, en limite de rupture de pente, puis monter HS directement vers l'antécime nord. Poursuivre au S jusqu'aux…

**5h00 > Puig Pedrós central et sud** (2842 m). Plus haute cime du secteur, il en révèle tous les détails. Basculer pleine pente, au SE, pour aller passer entre les deux…

**5h30 > Laquets** (2590 m), parfois asséchés. Ouvrez l'œil, les mouflons vous observent sûrement depuis un moment. S'engager, HS, sur la vaste croupe herbeuse qui s'élève au SO. Elle devient schisteuse sur le haut et nous mène sur une…

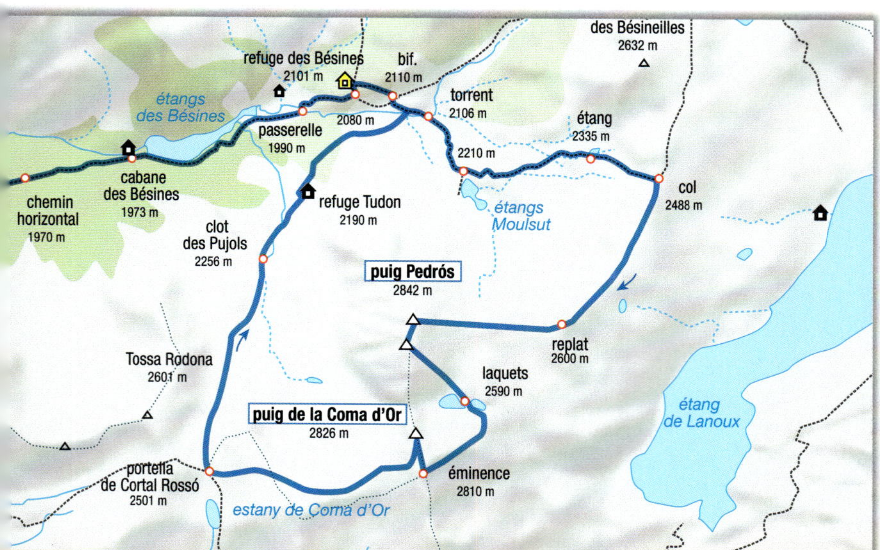

Étang anonyme sous la portella de Lanós, et pic d'Auriol.

**6h05 > Éminence et ses grands cairns** (2810 m). Descendre au collet au N et remonter immédiatement sur la crête jusqu'à l'antécime. Sur le fil se rétrécissant, poser une main sur un passage aérien et arriver au…

**6h10 > Puig de Coma d'Or** (2826 m). Large vue sur les cimes catalanes et l'étang du Lanoux. Revenir au collet et dévaler le sentier à l'O, sur un terrain des plus arides. Franchir un nouveau collet derrière lequel on aperçoit l'estany de Coma d'Or, puis s'abaisser jusqu'à la...

**6h40 > Portella de Cortal Rossó** (2501 m). Quitter les sentiers et basculer HS dans la combe qui s'ouvre au N. Retrouver une sente et des cairns, en contrebas, au niveau de l'échancrure. Suivre ainsi le creux du terrain jusqu'à ce qu'il s'efface. Dès lors, s'abaisser dans la pente à droite, HS, et rallier le creux du vallon principal. Le suivre aval, en se maintenant légèrement sur sa droite. Gagner le…

**7h10 > Replat du clot des Pujols** (2256 m). Le traverser jusqu'à l'échancrure d'écoulement des eaux où l'on retrouve un bon sentier rive gauche (ignorant les cairns de la rive droite). Longer le torrent jusqu'au moment où la rive droite se pare d'herbe roulante. Traverser alors à gué (cairns), le torrent de Coma d'Or (2220 m). Emprunter le sentier qui remonte légèrement franchir un épaulement derrière lequel découvrir et rallier le …

**7h20 > Refuge Claude Tudon** (2190 m), fermé. Descendre de 20 m HS et retrouver le sentier à suivre aval, à droite. Il ondule, passe des bosquets et parvient dans un…

**7h35 > Replat herbeux** (2120 m), où il s'efface. Suivre le bord gauche de ce plateau avant de descendre rejoindre un tuyau métallique (2100 m) sur le torrent. Enjamber le torrent et remonter sur l'autre rive retrouver le sentier de l'aller, à suivre jusqu'au…

**7h50 > Refuge** (2101 m), puis au…

**9h45 > Parking.**

Étang des Bésines et son île caractéristique.

Dent d'Orlu.

Jasse de cabane Longue

# 80 Dent d'Orlu *2222 m*

## 3h15 - 5 km - 720 m+

**80.** Sentier balisé. La pente terminale, raide, demande des précautions en période humide (terrain gras).

**Balisage :** Jaune jusqu'au pied de la pente terminale puis hors balisage.

**Accès :** Dans Ax-les-Thermes > Ascou > Goulours > la Forge. Tourner à droite, comme pour accéder au camping et poursuivre en face sur la petite route en bien mauvaise état. Terminus à 6,5 km.

**Départ :** Parking de la Jasse de Cabane Longue (poêle à frire), 13 km à l'E d'Ax.

**Carte :** IGN TOP25 2148 ET

***Une randonnée courte, mais qui vous propulsera sur la célèbre canine, bien connue des grimpeurs de France et de Navarre pour ses très nombreuses grandes voies d'escalade équipées. Au sommet, vous croiserez des grimpeurs bardés de dégaines et de cordes bariolées, affublés de casques, de sangles et autres ustensiles improbables. Un belvédère magique sur les montagnes de la vallée d'Ax et en particulier la réserve nationale d'Orlu.***

**0h00 > Du parking** (1517 m), emprunter le sentier vers l'E qui traverse la clairière et

entre dans la hêtraie pour s'y élever énergiquement jusqu'à traverser une....

**0h20 > Clairière** (1660 m). Encore un effort et sortir du bois pour prendre pied sur la...

**0h50 > Croupe du Sarrat de la Llau** (1850 m). Poursuivre, vers le S, dorénavant à découvert, sur son échine, au milieu des myrtilliers, jusqu'à une...

**1h10 > Intersection** (1985 m), au pied de la face N. Laisser filer à gauche une traversée vers la face E et ses voies d'escalade. Le crochet mérite toutefois le détour, lorsque la lumière du matin éclaire cette face. Poursuivre tout droit dans la face NE où la pente se redresse singulièrement dans les rhododendrons, sur un terrain terreux parsemé de blocs qui constituent parfois de hautes marches. À l'approche de la crête, le sentier appuie plus à gauche, traverse une dalle et parvient à la...

**1h50 > Dent d'Orlu** (2222 m), ou pic de Brasseil. Large vue à 360°. Ne jetez rien vers le vide car nombre de grimpeurs viennent escalader la face sud, offrant une escalade parmi les plus hautes des Pyrénées. Revenir par le même itinéraire au...

**3h15 > Parking.**

Voie dans la face est.

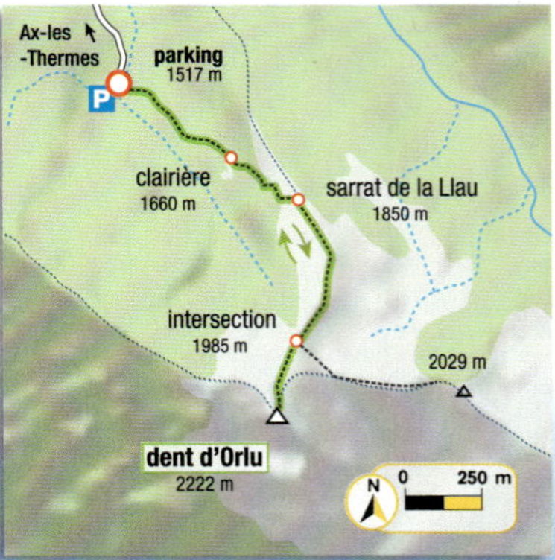

1000m d'escalade d'un côté, et un sentier de randonnée de l'autre, mènent à la Dent d'Orlu.

La rando, c'est aussi ça !

Col de Pailhères

# 81 Pic de Tarbésou et étangs de Rabassoles *2364 m*

**4h - 12 km - 825 m+**

**81.** Itinéraire sur sentier balisé, à éviter par brouillard ou vent fort.

**Balisage :** Blanc et rouge départ et retour, jaune un peu ancien pour le pic et la crête.

**Accès :** Du centre d'Ax-les-Thermes, suivre « Station d'Ascou-Pailhères ». Dépasser la station et se garer, juste après le hameau de chalets, au grand parking des randonneurs, 500 m avant le col de Pailhères.

**Départ :** Col de Pailhères, 19 km à l'E d'Ax-les-Thermes.

**Carte :** IGN TOP25 2248 ET

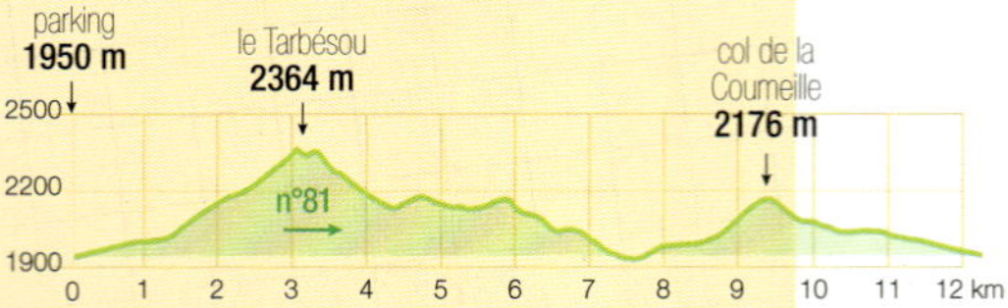


***Un départ haut en altitude permettant d'accéder rapidement à un des plus beaux belvédères de l'Ariège, un parcours panoramique en crêtes et un retour en boucle par les lacs de Rabassoles, où il fait bon se rafraîchir et pique-niquer à l'ombre d'un pin séculaire, le tout au milieu des couleurs vives des genêts et des rhododendrons, des senteurs de bruyère, tout en dégustant quelques myrtilles sauvages… Alors, si vous ne revenez pas conquis, notre bon roi est en droit de se demander : « Mais que demande le peuple ? ».***

**0h00 > Du parking** (1950 m), suivre la route sur 200 m en direction du col, puis emprunter à droite la petite piste barrée du GR7B. Elle se promène parmi les bosquets de pins rabougris. À la fourche, continuer sur le chemin de droite et, à une…

**0h25 > Nouvelle bifurcation** (2030 m), au départ de la montée, prendre au centre le bon sentier balisé en jaune qui grimpe à la crête, au milieu des myrtilliers et des rhododendrons. Suivre vers le SO la crête de Mounégou, zébrée de différents sentiers. À l'approche du sommet, emprunter le sentier de droite, un peu plus raide, qui atteint rapidement le...

**1h10 > Pic de Tarbésou** (2364 m). Un des plus larges panoramas de l'Ariège s'ouvre à vous. À 20 m au S du sommet, plonger versant O par un raide mais bon sentier balisé en jaune, vers le sarrat des Escales. Passer une première bosse à 2175 m (cairn), qui domine les trois étangs, puis éviter l'éminence 2166 m par son flanc O. Contourner, maintenant versant E, le pointu roc de Brague. À une petite bifurcation, continuer à droite à l'horizontale, avant de plonger à l'E vers un...

**2h10 > Petit étang** (2040 m). Le contourner par la droite pour retrouver le balisage blanc et rouge du GR7B. Le suivre vers le N pour descendre progressivement à l'...

**2h25 > Étang Bleu** (1927 m). Franchir son déversoir, généralement à sec, et s'élever en face, sur une croupe boisée, pour venir surplomber les étangs Noir et de Rabassoles. Il ne reste plus qu'à gagner patiemment, 200 m plus haut, le...

**3h15 > Col de la Coumeille de l'Ours** (2176 m). Admirer une dernière fois le Donezan et ses lacs puis descendre versant opposé, d'abord en écharpe à gauche, puis dans un terrain vallonné piqué de bosquets de pins à crochets. Ignorer sur la fin la bifurcation à droite du sentier d'interprétation, pour retrouver la petite piste de l'aller ramenant au...

**4h00 > Parking.**

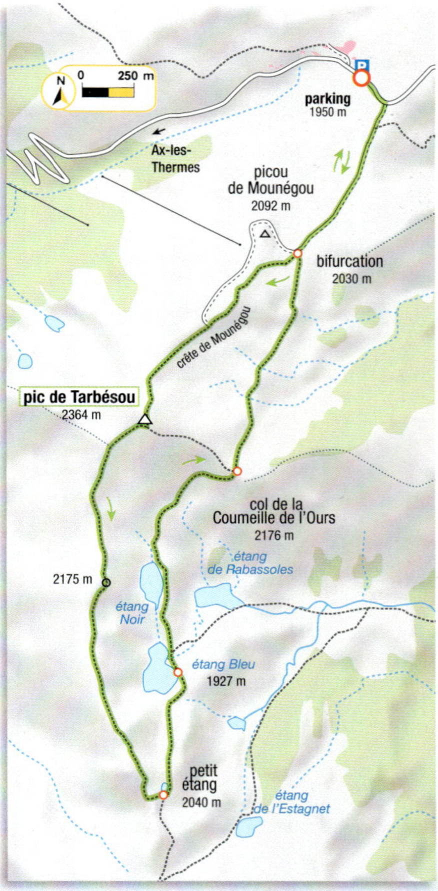

Au départ du col.

Redescente du roc Blanc. En mire, l'étang de Baxouillade.

le Fanguil

# 82 Étang de Baxouillade 1912 m
# 83 Roc Blanc 2542 m
# 84 Boucle du pic de Baxouillade 2546 m

**82** 4h15 - 12 km - 800 m+ | **83** 7h15 - 19 km - 1475 m+ | **84** 8h15 - 20 km - 1725 m+

**82.** Itinéraire sur sentier balisé.
**83.** Itinéraire sur sentes plus ou moins balisées mais à l'orientation évidente. Pentes raides à l'approche du sommet. Possibilité de névés raides jusqu'en début d'été.
**84.** Long itinéraire hors sentier. À ne pas entreprendre par temps de brouillard. Possibilité de névés raides jusqu'en début d'été.

**Balisage :** Jaune puis blanc et rouge, et enfin, jaune, pour la fin du roc Blanc. Hors balisage pour la boucle.

**Accès :** Dans Ax-les-Thermes, suivre Andorre, puis Orgeix/Orlu. Dépasser ces villages et aux Forges d'Orlu, monter à gauche au terminus de la route.

**Départ :** Parking du Fanguil (payant en été), 11 km au SE d'Ax.

**Carte :** IGN TOP25 2248 ET

***Si le roc Blanc, phare du Donezan, est un classique abordable depuis cette lointaine et magnifique contrée, depuis Orlu et sa réserve, c'est une toute autre histoire ! La vallée perchée de Baxouillade est sauvage à souhait et le méconnu sentier du GR7 n'y change rien. Lacs paisibles, efforts soutenus, porteille perchée, sommet altier et même, pour les plus incorrigibles, retour aventureux par le Baxouillade, constitueront un menu de choix pour fins gourmets.***

## 82 : Étang de Baxouillade

**0h00 > Au bout du parking** (1136 m), suivre indifféremment le chemin bien ombragé, rive gauche de l'Oriège (passerelle) ou celui plus ouvert de la rive droite. Dix bonnes minutes après, ils font cause commune, dans la profonde hêtraie, jusqu'à la belle clairière de la…

**0h45 > Jasse de Justiniac** (1292 m). À son extrémité, quitter la piste et traverser à gauche la rivière par un petit pont, en direction de l'étang de Baxouillade. Le bon sentier du GR7 grimpe méthodiquement, en de courts lacets, dans une futaie raide. 250 m plus haut, franchir le torrent par une passerelle bétonnée et traverser des clairières où la vue s'ouvre, enfin, sur la vallée d'Orlu et ses hauts pics. Au niveau d'un…

**1h50 > Joli plat** (1712 m), enjamber le large ruisseau par quelques pierres (passerelle à gauche). Poursuivre la grimpette dans un terrain semi boisé, puis dans un magnifique vallon. Franchir par la droite un plat humide, où serpente un « anaconda » géant, et découvrir l'…

**2h30 > Étang de Baxouillade** (1912 m), lové dans un écrin de verdure. Retour par le même itinéraire au…

**4h15 > Parking.**

**83 : Roc Blanc**

**2h30 > Contourner l'étang de Baxouillade** par la droite et poursuivre la remontée du vallon, toujours dans la même direction, sur une sente moins marquée. Traverser le torrent principal pour gagner l'étang de Baxouillade d'en-haut (2088 m). S'élever alors en écharpe à gauche, puis rejoindre la crête juste à gauche. La suivre à droite (E), puis flanc S, pour gagner, par une vague sente (rares balisages), la…

**3h30 > Porteille de Barbouillère** (2255 m), où l'on abandonne le GR7. Poursuive flanc SO, sur une meilleure sente balisée en jaune et rouge, qui finit par atteindre, dans des pentes herbeuses bien raides (prudence) le…

**3h55 > Col de Laurenti** (2420 m). De là, un bon sentier balisé en jaune rejoint, dans les pentes raides du versant S, dominant des barres rocheuses (prudence de mise), la crête sommitale rocheuse du…

**4h15 > Roc Blanc** (2542 m) et un très large panorama sur l'étang de Laurenti, le Donezan et les montagnes audoises au N, sur l'ensemble de la haute chaîne des Pyrénées-Orientales, du Canigou au Carlit, au S et sur la Haute-Ariège à l'O. Revenir par le même itinéraire - *avec la possibilité de couper plus directement par une petite sente dans le vallon, entre le col de Laurenti et l'étang supérieur* - au…

**7h15 > Parking.**

**84 : Boucle du Baxouillade**

**4h15 > Du roc Blanc,** revenir au col de Laurenti. Suivre alors une sente versant O, puis rapidement sa branche de gauche (petit cairn) pour escalader, au plus facile, un court tronçon d'arête rocheuse, en posant une main. Déboucher sur un plateau suspendu qui, par une bonne sente, monte à la petite croix du sommet de gauche, le…

**5h00 > Pic de Baxouillade** (2546 m), de quatre mètres plus haut que son presti-

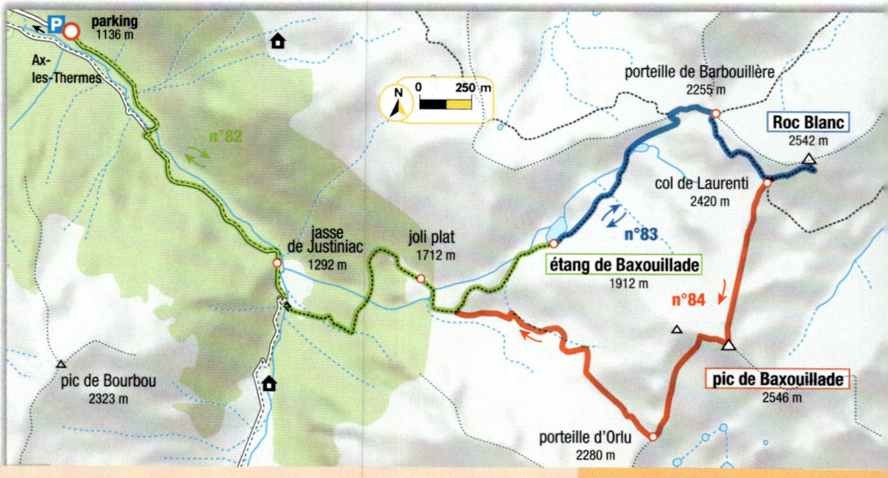

gieux voisin, précédemment gravi. Descendre la crête vers l'O jusqu'à la deuxième grande brèche (cairn). Dévaler prudemment le petit couloir du versant S, moins raide qu'il n'y parait de prime abord, puis rejoindre par un arc de cercle à droite, à travers pelouses et éboulis, sans perdre trop de dénivelé, la crête S menant directement à la profonde…

**5h40 > Porteille d'Orlu** (2280 m). Une petite sente cairnée descend son couloir NO, contourne une première cuvette (2073 m) par la droite, traverse des éboulis de gros blocs, se faufile dans des prairies à rhododendrons, atterrit dans une deuxième cuvette (1799 m), où il faut bien garder les cairns, pour retrouver bientôt le sentier du GR au niveau d'un gros bloc. Revenir maintenant par l'itinéraire du matin au…

**8h15 > Parking.**

Des pentes du Baxouillade, le roc Blanc et l'étang de Laurenti.

Étang d'en Beys.

# 85 Refuge d'en Beys 1970 m
# 86 Pic d'étang Faury 2702 m 1 ou 2 jours

85 5h20 - 17 km - 850 m+ | 86 10h15 - 26 km - 1600 m+

**85.** Itinéraire sur sentier balisé sans difficulté.
**86.** Itinéraire sur sentier balisé jusqu'à la couillade d'en Beys, puis HS sur un terrain présentant pierriers et pentes herbeuses raides. Orientation assez facile. À n'entreprendre que par temps clair et sec.

**Balisage :** Jaune puis blanc et rouge pour le refuge. Jaune et rouge partiel pour la boucle et les pics.

**Accès :** Dans Ax-les-Thermes, suivre Andorre, puis Orgeix/Orlu. Dépasser ces villages et aux Forges d'Orlu, monter à gauche au terminus de la route.

**Départ :** Parking du Fanguil (payant en été), 11 km au SE d'Ax.

**Carte :** IGN TOP25 2249 OT et 2249 ET

**Refuge gardé** d'en Beys.

***En plein cœur de la réserve nationale d'Orlu, le refuge d'en Beys est un lieu incontournable pour qui veut profiter pleinement de la vallée. Dotée d'une faune et d'une flore d'une grande richesse, mais également de cimes élancées et de lacs paradisiaques, elle excelle dans l'art de combler le randonneur.***

## 85 : Refuge d'en Beys

**0h00 > Au bout du parking** (1136 m), suivre indifféremment le chemin bien ombragé, rive gauche de l'Oriège (passerelle), ou celui plus ouvert de la rive droite. Dix bonnes minutes après, ils font cause commune, dans la profonde hêtraie, jusqu'à la belle clairière de la…

**0h45 > Jasse de Justiniac** (1292 m). À son extrémité, à la bifurcation, conserver la piste se hissant sur les vastes prairies de Gaudu et sa cabane (fermée). Elle se couche et gagne l'extrémité de la jasse qui se rétrécit, longeant le petit torrent, jusqu'à rencontrer une…

**1h25 > Bifurcation** (1450 m). Quitter la piste et s'engager sur le GR7, à gauche, franchissant un ruisselet puis la passerelle sur l'Oriège. Il entre dans la hêtraie et entame l'ascension. Plus haut, après une série de lacets, il parvient sur une…

**2h35 > Nouvelle bifurcation** (1900 m). Ignorer, à revers à gauche en courbe de niveau, le sentier

Étang d'en Beys.

du col de Terrers, balisé jaune et rouge, et persévérer en face. Ne pas tarder à prendre pied sur une…

**2h50 > Conduite horizontale** (1980 m), à suivre à droite, jusqu'à son extrémité. Le GR s'élève pour franchir le verrou de l'étang et rejoindre le…

**3h00 > Refuge d'en Beys** (1970 m), dominant le lac éponyme. Retour par le même itinéraire au…

**5h20 > Parking.**

## 86 : Pic d'étang Faury

**3h00 > Du refuge d'en Beys** (1970 m). Emprunter au SO le GR7 qui longe la rive, passe à proximité des zones marécageuses de Gourd Gaudet et parvient à une…

**3h25 > Bifurcation** (1980 m). Quitter le GR7 pour prendre à droite le GRP entamant alors une rude montée, sur un terrain malcommode, constitué de hautes marches. Après un court repos, l'ascension repart de plus belle, au N. Le sentier vient buter contre la muraille du pic d'en Beys qu'il longe, par la gauche, afin d'atteindre la…

**4h25 > Crête** (2360 m). Y quitter le GRP pour progresser dorénavant HS. Descendre au S à la…

**4h28 > Couillade d'en Beys** (2345 m). Poursuivre en s'élevant sur le versant à gauche de la crête, puis en maintenant une altitude proche de 2400 m. Cheminant entre pierriers, dalles et bandes herbeuses plus roulantes, parvenir dans une dépression et ses laquets. Persister dans le flanc, en longeant, en continuelle ascendance, les falaises jusqu'à une encoignure sous le pic (2600 m). Remonter le couloir herbeux raide le plus à droite, ou bien prendre pied sur la crête qui le borde à droite, et gagner le…

**5h45 > Pic d'Étang Faury** (2702 m). Vue sur les étangs des Peyrisses, d'en Beys ou du

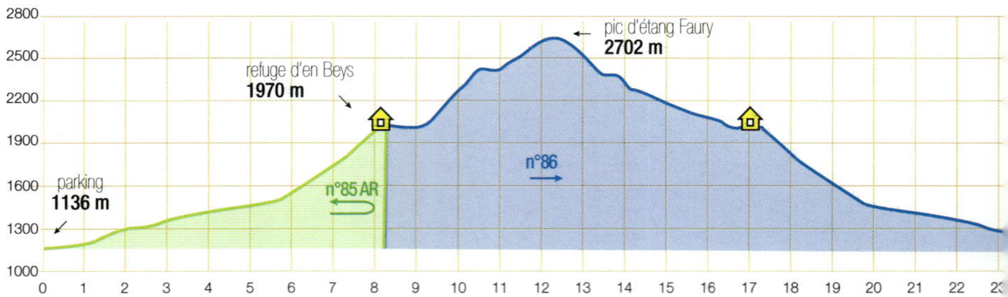

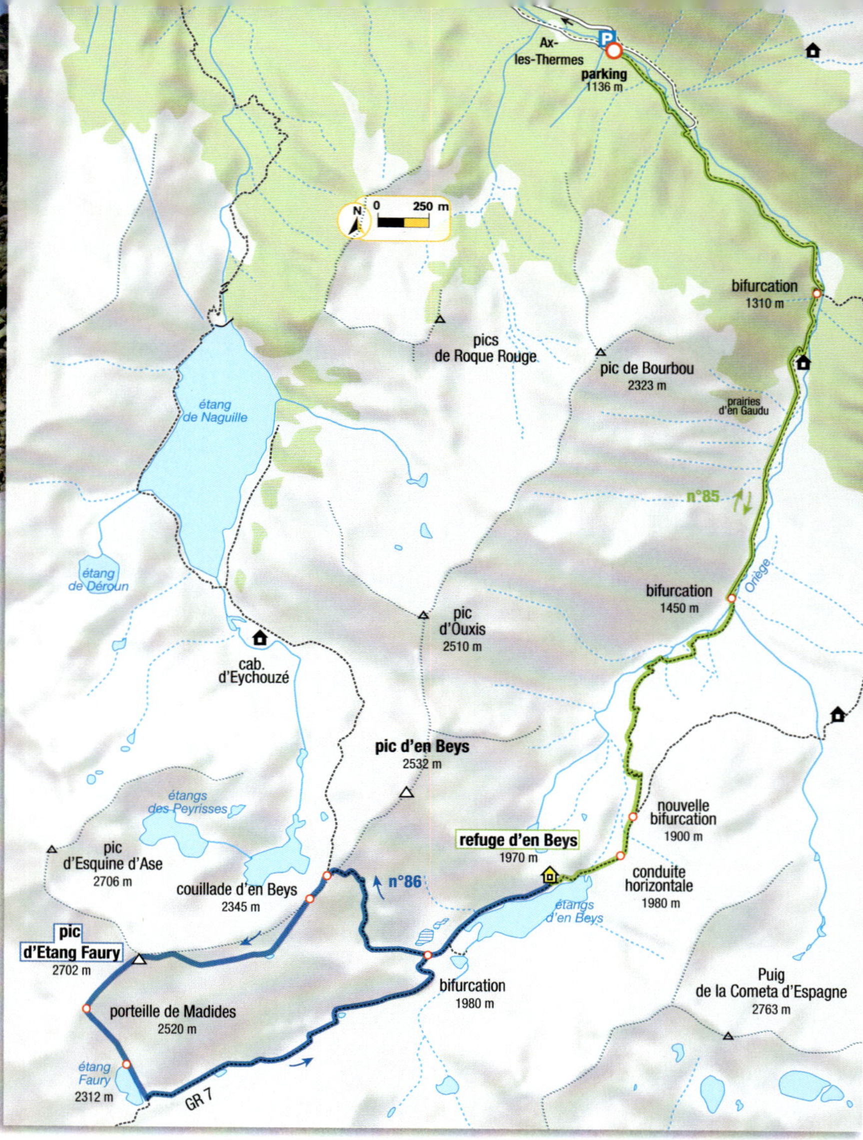


Lanoux. Poursuivre 100 m sur la croupe à l'O et basculer dans le versant S sur des taches d'herbe en pointillés. Sur l'herbe plus continue, traverser en descente sur une vague sente jusqu'à rejoindre la crête en face, à la base de sa partie supérieure plus accidentée. Descendre cette crête minérale, ou juste à sa droite, jusqu'à la…

**6h10 > Porteille de Madides** (2520 m). Filer aval, dans le vallon à gauche, jusqu'à l'…

**6h30 > Étang Faury** (2312 m). Le contourner par la gauche jusqu'au déversoir où l'on retrouve le GR7. Il s'abaisse longuement au NE, dans un étroit vallon, remonte à peine à gauche d'un étang (2070 m) et parvient à la…

**7h25 > Bifurcation** (1980 m). Retour par le même itinéraire au…

**7h50 > Refuge d'en Beys** (1970 m), puis au…

**10h15 > Parking.**

25 km

Cirque dominant les étangs des Peyrisses.

Le Fanguil

# 87 D'en Beys à Naguille 2532 m 2 jours

## grande boucle dans la réserve d'Orlu

**10h20 - 27 km - 1750 m+**

**87.** Itinéraire sur sentier balisé hormis l'AR au pic d'en Beys. Pour celui-ci, une bonne lecture du paysage pour progresser ; passages d'escalade facile (II) sur la crête terminale.

**Balisage :** Jaune puis blanc et rouge pour le refuge. Jaune et rouge partiel pour la boucle et le pic.

**Accès :** Dans Ax-les-Thermes, suivre Andorre, puis Orgeix/Orlu. Dépasser ces villages et aux Forges d'Orlu, monter à gauche au terminus de la route.

**Départ :** Parking du Fanguil (payant en été), 11 km au SE d'Ax.

**Carte :** IGN TOP25 2148 ET, 2249 OT et 2249 ET !

**Refuge** gardé d'en Beys et cabane d'Eychouzé.

***Effectuer la boucle en Beys – Naguille, c'est bénéficier pleinement de deux grandes vallées lacustres agrémentées d'un refuge. L'ascension du pic d'en Beys en rehausse encore la teneur de par sa position centrale. Un beau week-end en immersion au programme !***

### J1 : Refuge d'en Beys

**0h00 > Au bout du parking** (1136 m), suivre indifféremment le chemin bien ombragé, rive gauche de l'Oriège (passerelle), ou celui plus ouvert de la rive droite. Dix bonnes minutes après, ils font cause commune, dans la profonde hêtraie, jusqu'à la belle clairière de la…

**0h45 > Jasse de Justiniac** (1292 m). À son extrémité, à la bifurcation, conserver la piste se hissant sur les vastes prairies de Gaudu et sa cabane (fermée). Elle se couche et gagne l'extrémité de la jasse qui se rétrécit, longeant le petit torrent, jusqu'à rencontrer une…

**1h25 > Bifurcation** (1450 m). Quitter la piste et s'engager sur le GR 7, à gauche, fran-

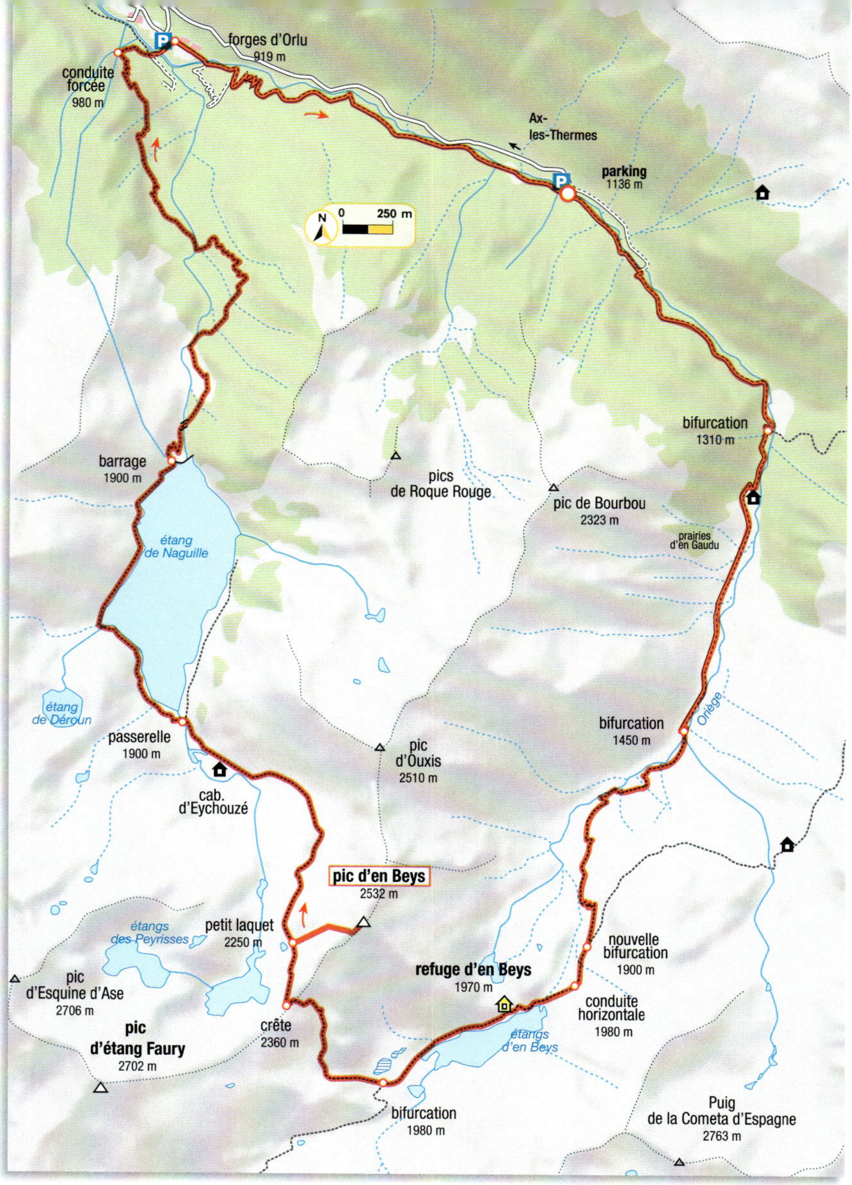


chissant un ruisselet puis la passerelle sur l'Oriège. Il entre dans la hêtraie et entame l'ascension. Plus haut, après une série de lacets, il parvient sur une…

**2h35 > Nouvelle bifurcation** (1900 m). Ignorer, à revers à gauche en courbe de niveau, le sentier du col de Terrers, balisé jaune et rouge, et persévérer en face. Ne pas tarder à prendre pied sur une…

**2h50 > Conduite horizontale** (1980 m), à suivre à droite, jusqu'à son extrémité. Le GR s'élève pour franchir le verrou de l'étang et rejoindre le…

**3h00 > Refuge d'en Beys** (1970 m), dominant le lac éponyme.

J2 : Pic d'en Beys et étang de Naguille

**3h00 > Du refuge d'en Beys** (1970 m), emprunter au SO le GR7 qui longe la rive jusqu'à la…

**3h25 > Bifurcation** (1980 m). Quitter le GR7 pour prendre à droite le GRP entamant alors une rude montée, sur un terrain malcommode, constitué de hautes marches. Après un court repos, l'ascension repart de plus belle, au N. Le sentier vient buter contre la muraille du pic d'en Beys qu'il longe, par la gauche, afin d'atteindre la…

**4h25 > Crête** (2360 m), séparant les vallées d'en Beys et de Naguille. Poursuivre sur le GRP qui s'abaisse dans le vallon des Peyrisses, jusqu'à surplomber un…

**4h35 > Petit laquet** (2250 m). Quitter le GRP pour, HS, remonter le thalweg à droite (NE), jusqu'au pied de la muraille. Viser la brèche de droite, sur la crête, à rejoindre par un couloir herbeux diagonal, où file une vague sente de bêtes. Longer sous le fil jusqu'à la brèche suivante. Versant O, se faufiler dans une faille entre une écaille et la crête (un pas de II sur 2 m) avant de se rétablir sur la crête. Remonter celle-ci (15 m de II), puis marcher jusqu'au…

**5h20 > Pic d'en Beys** (2532 m). Spectaculaire vue sur le cirque des étangs des Peyrisses dominés par le pic d'Étang Faury, le pic de Nabre et l'Esquine d'Ase. Au loin s'étale l'étang de Naguille et à l'E les sommets catalans. Revenir par le même itinéraire au…

**5h50 > Petit laquet** (2250 m). Reprendre le GRP au N qui s'abaisse dans la combe, laisse en contrebas la cabane d'Eychouzé (1940 m) et franchit une…

**6h35 > Passerelle** (1900 m), devant l'embouchure de l'étang de Naguille. C'est le début du long contournement, jusqu'au…

**7h30 > Barrage de Naguille** (1900 m). Le sentier plonge traverser un pont (1816 m), devant les anciens bâtiments, qu'il longe. Plus bas, il s'abaisse encore plus rapidement dans les bois et parvient à la…

**9h05 > Conduite forcée** (980 m). Ne pas la franchir mais poursuivre sur le sentier qui continue sa descente et rejoint le…

**9h15 > Parking des forges d'Orlu** (919 m). Passer devant le musée de l'Observatoire de la Montagne et, au bout du goudron, entamer la remontée sur le sentier, puis une piste, longeant, sans jamais la quitter, la rive gauche de l'Oriège. Atteindre la passerelle du bout du…

**10h20 > Parking du Fanguil.**

Lac d'Aygue Longue.

La Llau

# 88 Lac d'Aygue Longue *2076 m*
# 89 Pic de l'Homme *2464 m*
# 90 Pic de Cimet *2423 m*

**88** 3h10 - 7 km - 680 m+ | **89** 4h45 - 10 km - 1080 m+ | **90** 6h40 - 13 km - 1500 m+

**88.** Itinéraire sur sentier balisé.
**89.** Itinéraire sur sente, sans difficulté particulière.
**90.** Pente raide HS dans la descente sous le pic de l'Homme. À éviter par temps humide. Orientation assez facile.

**Balisage :** Jaune, jusqu'au lac d'Aygue Longue, hors balisage pour les pics.

**Accès :** Sortie S d'Ax-les-Thermes > Orgeix. Franchir à droite l'étroit pont de pierre muni de hauts parapets et suivre la route principale. Elle s'élève dans le bois, devenant rapidement piste. Ignorer des pistes secondaires (interdites) et poursuivre jusqu'au terminus. 8 km depuis Orgeix.

**Départ :** Parking de la Llau, 10 km au SE d'Ax.

**Carte :** IGN TOP25 2249 OT

**Cabane** de l'Étang Tort.

26 27

***Au-delà d'un magnifique lac pyrénéen dans son écrin de verdure, cette randonnée ne manquera pas de vous laisser entrevoir la richesse des montagnes d'Orgeix : pâturages, cimes altières et croupes d'altitudes y occupent une place de choix.***

## 88 : Lac d'Aygue Longue

**0h00 > Au bout du parking** (1414 m), franchir la barrière et remonter la piste que l'on abandonne lorsqu'elle s'éloigne du torrent. Un sentier s'élève rive gauche avant de retrouver la piste. Quand elle oblique à droite, reprendre le sentier nous rapprochant du torrent. Ignorer, à gauche, une passerelle (1475 m). Plus haut, jongler à trois reprises entre la piste et le sentier. Arriver rapidement à l'orée du bois et à la…

**0h40 > Cabane de la Coume** (1645 m), fermée. Descendre traverser le torrent sur deux poutrelles et prendre de la hauteur dans la prairie en face. Le sentier s'élève dès lors sur le flanc gauche du vallon en devinant un verrou en amont. Le surmonter pour parvenir sur un…

**1h15 > Promontoire** (1858 m), d'où l'on embrasse, d'un regard, l'ensemble du vallon. Le sentier se couche, et va rejoindre un petit barrage. Gravir sa rampe de droite. Plus haut, apercevoir un large pierrier derrière lequel s'attendre à trouver le lac. Mais une fois franchie cette marche, il faut encore avancer, sans heurt. Déboucher au…

**1h50 > Lac d'Aygue Longue** (2076 m), démuni de déversoir. Superbe étendue lovée au cœur d'un petit cirque. Retour par le même itinéraire au…

**3h10 > Parking.**

## 89 : Pic de l'Homme

**1h50 > Lac d'Aygue Longue** (2076 m). Poursuivre sur le sentier qui le contourne par la gauche, sur un quart de tour, puis s'élève rudement dans le talweg de la pente, en direction du…

**2h15 > Col de la Parade** (2241 m). Emprunter la sente bien marquée s'élevant énergiquement sur la croupe au NE. Plus haut, elle glisse un moment, plus lentement, dans le flanc gauche. Atteindre l'antécime et poursuivre un peu à droite, puis à gauche du fil, plus étroit, pour atteindre le…

**2h50 > Pic de l'Homme** (2464 m). Découvrir les étangs Tort et de Déroun, ainsi que les hauts sommets de la vallée du Nabre. Retour par le même itinéraire au lac d'Aygue Longue (3h30), puis au…

**4h45 > Parking.**

## 90 : Pic de Cimet

**2h50 > Du pic de l'Homme** (2464 m). Repérer, au pied des falaises de la crête qui s'étire au NE, une sente de brebis à emprunter. Descendre HS dans la pente à l'E, utilisant une bande herbeuse, puis appuyer à gauche pour traverser une langue de pierrier et rejoindre la sente de brebis. Elle remonte rudement prendre pied sur un plateau, d'où l'on rejoint rapidement à gauche le point culminant de la…

**3h20 > Serre de Canras** (2486 m). Entre les pics de Balbonne et de la Camisette, par temps clair, vous devinerez le Cap d'Agde ! Poursuivre sur la croupe herbeuse débonnaire qui s'étire au N. Descendre dans un col (2374 m), puis remonter en face en suivant bien le fil constitué de pierraille schisteuse. Atteindre un…

**3h50 > Sommet anonyme** (2438 m). Superbe vue sur le pic de Cimet qui attire l'œil. Poursuivre HS sur la croupe au N, puis sur une sente filant légèrement en contrebas gauche de la crête, jusque dans l'étroite échancrure d'un…

**4h05 > Collet** (2275 m), précédant de peu le col des Clotes ou d'en Sur. Basculer dans le versant E, sur une sente dans le flanc, et rejoindre la base de l'éperon du Cimet. Le remonter par une sente sur son fil, jusqu'au…

**4h40 > Pic de Cimet** (2423 m). Vue imprenable sur le barrage et l'étang de Naguille, ainsi que sur la ligne des sommets frontaliers avec les Pyrénées-Orientales. Revenir par le même itinéraire au…

**5h10 > Collet** (2275 m). Basculer dans le versant O, sur une sente dévalant jusqu'à un épaulement à main droite (2180 m). Le franchir pour basculer dans un nouveau vallon, toujours sur une sente de bêtes bien marquée. Passer devant la ruine de l'ancienne cabane, devant un premier, puis un second orri à côté de gros blocs erratiques. Aller alors chercher un…

**5h40 > Nouveau collet** (1997 m), sur la crête bordant à gauche le vallon. Basculer derrière, sur plusieurs sentes qui rejoignent le torrent. Le suivre rive droite sur un bon mais raide sentier. Beaucoup plus bas, le sentier amorce des lacets et se couche, puis enjambe à gué le…

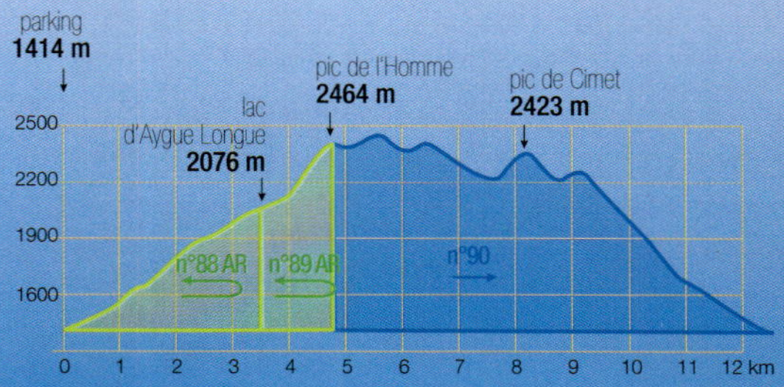


**5h55 > Torrent** (1790 m), où il rentre en forêt. Il en ressort juste avant de franchir un ruisseau à partir duquel la sente s'estompe, mais il est aisé de rallier à vue, dans la prairie la cabane de la Coume, puis par l'itinéraire de l'aller, le…

**6h40 > Parking.**

Cime élancée du Cimet et croupes débonnaires de la Serre de Canras.

# Remerciements

*Merci à tous les compagnons avec lesquels nous avons eu le plaisir à partager ces itinéraires sillonnant la Haute-Ariège, et bien d'autres encore. Merci à Jessica Born pour la mise en valeur des textes et des photos et à Corine Valdevit pour ses corrections.*

*Un merci spécial à Sahel et Gaby et à tous les amis qui m'ont donné le courage de poursuivre l'aventure.*

**Cet ouvrage est édité par** 3 sup éditions
61 rue de la Concorde - 31000 Toulouse
Tél : 06 64 50 75 28 - jeandenis.achard@free.fr
3supeditions.com

**Auteur texte et photos** Cyril Renailler et Jean-Denis Achard

**Photo de couverture** Rando Pointe d'Argent
texture © IGN - 2017- n° 155988-199822 Copie et reproduction interdite

**Réalisation cartes & maquette** Jessica Born

**Impression** Ulzama Espagne

**100% rando Haute-Ariège 90 randos**

Dépôt légal : 2020
ISBN : 978-2-913385-40-5

**AVERTISSEMENT :** *La randonnée en montagne est une pratique requérant connaissances et expérience. Ce guide a été réalisé avec la plus grande attention. Il peut cependant subsister quelques erreurs ou imprécisions et des éléments de terrain peuvent avoir été modifiés (piste créée, balisage ou passerelle détruits, cabane fermée…). Vous devez au préalable vous renseigner par tous les moyens à votre disposition. Une fois sur le terrain, vous êtes seuls responsables de votre sécurité. La responsabilité des auteurs et des éditeurs ne peut donc, en aucun cas, être engagée.*